VeronikaHug.com

Woolly Hugs

# PUSCHEN IM QUADRAT

## Hausschuhe schnell und easy häkeln

CV

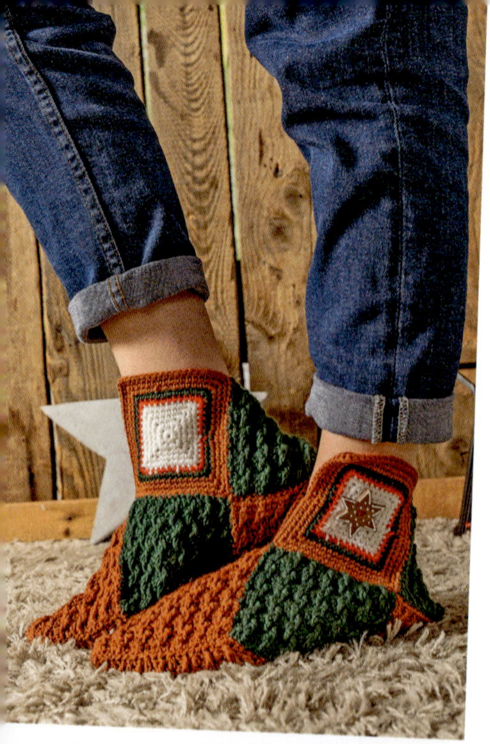

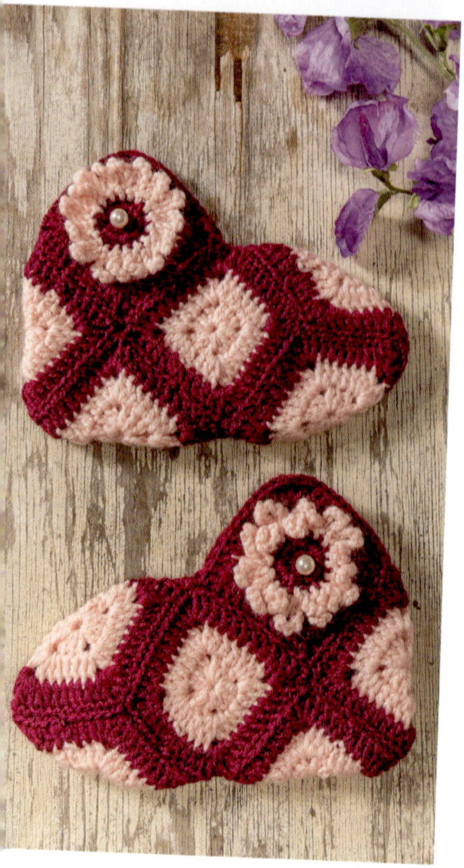

# Inhalt


6 WORKSHOP
PATCHWORK-PUSCHEN HÄKELN

10 KLEIN & GROSS

14 AHOI

17 KUNTERBUNT

22 VOLLTREFFER

24 TIERISCH GUT DRAUF

28 DIE ALLERKLEINSTEN

31 FARBENSPIELE

34 KLEINE PRINZESSIN

36 SWEET GRANNY

38 WILDE SAFARI

41 FESTTAGS-PUSCHEN

44 NIKOLAUS

46 SCHWARZ AUF WEISS

52 AUF LEISEN SOHLEN

56 FÜR MADLN & BUAM

60 GRUNDKURS HÄKELN

64 IMPRESSUM

# In die Puschen!

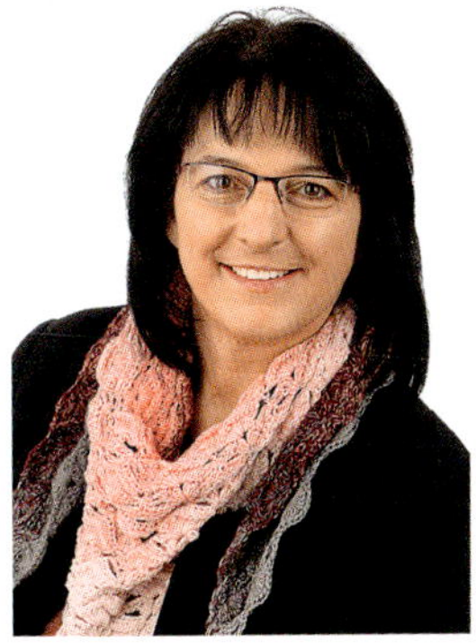

Wer kennt nicht das erlösende Gefühl, wenn man nach Hause kommt und sich die Schuhe von den Füßen streifen kann? Damit dann aber keiner frieren muss, haben wir uns wunderschöne Puschen für Groß und Klein ausgedacht.

Egal, ob man sie nun „Hausschuhe", „Schlappen" oder „Puschen" nennt – sie sind einfach zu häkeln und ruck zuck fertig. Die Größe lässt sich anhand einer Größentabelle mühelos variieren. Auch wer noch nicht lange häkelt, findet hier Modelle zum Nacharbeiten. So besteht z. B. unsere Basic-Pusche aus dem Workshop nur aus festen Maschen, und die lernt man ja meist schon mit dem ersten Topflappen in der Schule. Es kann also gleich losgehen!

Bei der ersten Pusche empfehle ich, wie im Workshop für jedes Quadrat eine andere Farbe zu wählen, so behält man beim Zusammennähen der Quadrate stets den Überblick. Gerne kann hier in die Restekiste gegriffen werden – je bunter, desto doller!

Für die Modelle im Buch wird die Qualität CHARITY von Woolly Hugs verwendet. Sie kann bei 40 Grad gewaschen werden und ist daher für Hausschuhe bestens geeignet.

Ein großer Dank geht hier an Sonja Prell, die mit viel Liebe alle Puschen gehäkelt hat. Gerade die kleinen Details verschaffen den Modellen oft den nötigen Pfiff: ein paar Knöpfchen oder lustige Häkel-Applikationen – und schon erkennt man sofort, ob die Schuhe einem Fußball-Fan, einer kleinen Prinzessin oder einem Tierfreund gehören.

Also – worauf noch warten? Die Puschen-Produktion kann beginnen!
Ich wünsche viel Spaß dabei und immer warme Füße

Eure Veronika

Veronika Hug

Woolly Hugs

Immer eine
Umarmung mehr!

# Workshop Patchwork-Puschen häkeln

Zur Unterstützung findet ihr ein Video auf YouTube: https://youtu.be/zdFtSIPnNzA

Alle Puschen bestehen aus aneinandergereihten Quadraten. Die Quadrate werden entweder, wie auf den folgenden Seiten beschrieben, in einem Stück gehäkelt oder einzeln in Patchwork-Technik gearbeitet und anschließend laut Schemazeichnung, Seite 9, aneinandergenäht.

Soll bei rechten und linken Puschen eine gespiegelte Farbverteilung erfolgen, müssen die Quadrate 4 und 7 sowie 1 und 8 farblich getauscht werden.

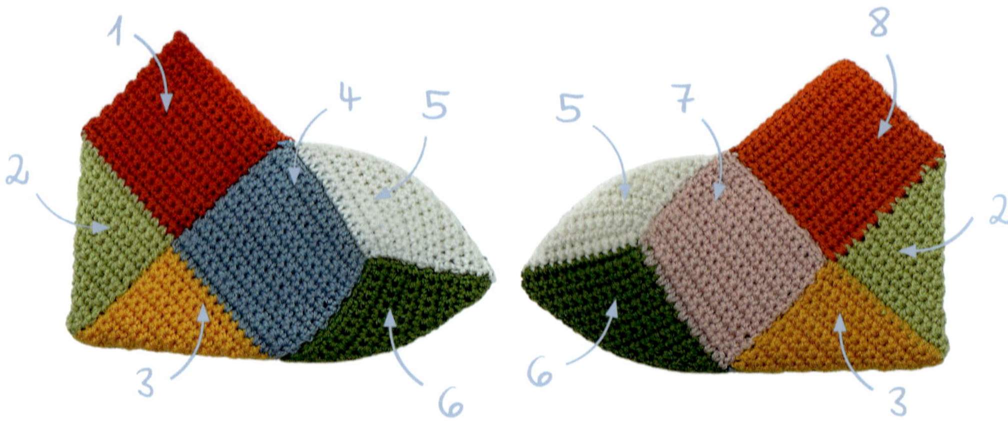


## GRÖSSENTABELLE PATCHWORK-PUSCHEN

| Größe | 19/20 | 21/22 | 23/24 | 25/26 | 27/28 | 29/30 | 31/32 | 33/34 | 35/36 | 37/38 | 39/40 | 41/42 | 43/44 | 45/46 |
|---|---|---|---|---|---|---|---|---|---|---|---|---|---|---|
| Schuhlänge in cm | 9 | 11 | 13,5 | 15 | 16,5 | 18 | 19,5 | 21 | 22,5 | 24 | 25,5 | 27 | 28,5 | 30 |
| Kantenlänge in cm je Quadrat | 4 x 4 | 4,5 x 4,5 | 5 x 5 | 5,5 x 5,5 | 6 x 6 | 6,5 x 6,5 | 7 x 7 | 7,5 x 7,5 | 8 x 8 | 8,5 x 8,5 | 9 x 9 | 9,5 x 9,5 | 10 x 10 | 10,5 x 10,5 |

1

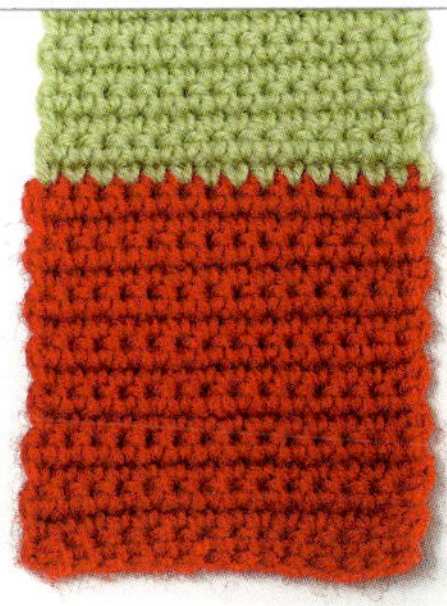

Anhand einer Maschenprobe ermitteln, wie viele Maschen und Reihen für die in der Tabelle angegebenen Maße erforderlich sind. Die entsprechende Anzahl Maschen anschlagen und für das 1. Quadrat die benötigte Anzahl Reihen häkeln.

2

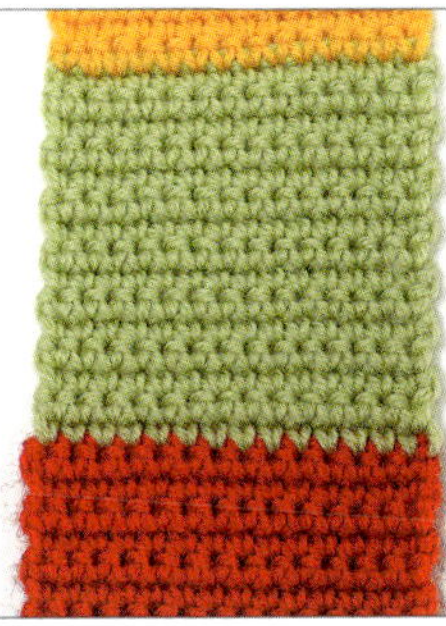

Faustregel bei Puschen, die nur mit festen Maschen gehäkelt werden: Auf 10 feste Maschen in der Breite kommen 11 Reihen in der Höhe.

Das 2. Quadrat direkt auf das 1. Quadrat häkeln.

3

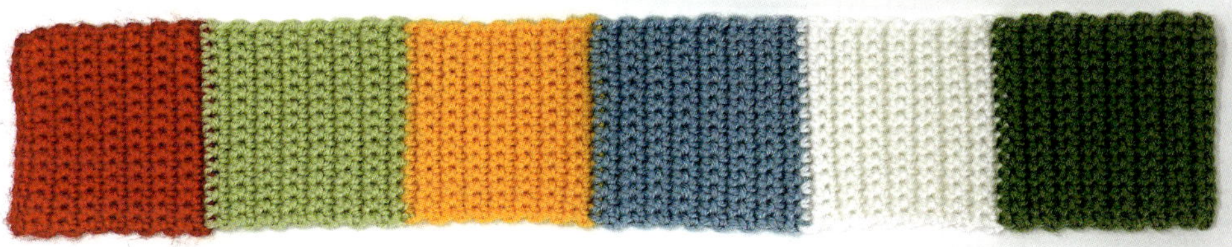

Das 1.–6. Quadrat an einem Stück häkeln und danach enden.

## HINWEIS ZU DEN GRÖSSEN/VARIANTEN:

In den einzelnen Anleitungen sind meist mehrere Größen bzw. Varianten beschrieben. Die Angaben für die kleinste Größe stehen vor der Klammer, für die mittlere Größe in der Klammer und für die dritte Größe nach der Klammer. Gibt es nur eine Angabe, so gilt diese für alle Größen.

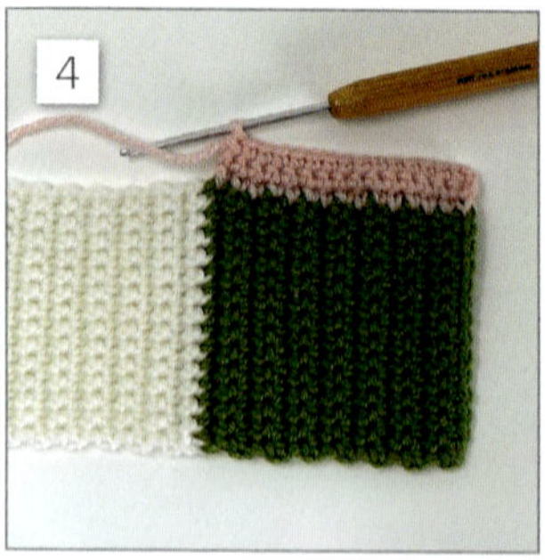


Für das 7. Quadrat an den linken seitlichen Rand des 6. Quadrates so viele Maschen häkeln, wie für das 1. Quadrat angeschlagen wurden, und die gleiche Reihenzahl wie für alle Quadrate häkeln.

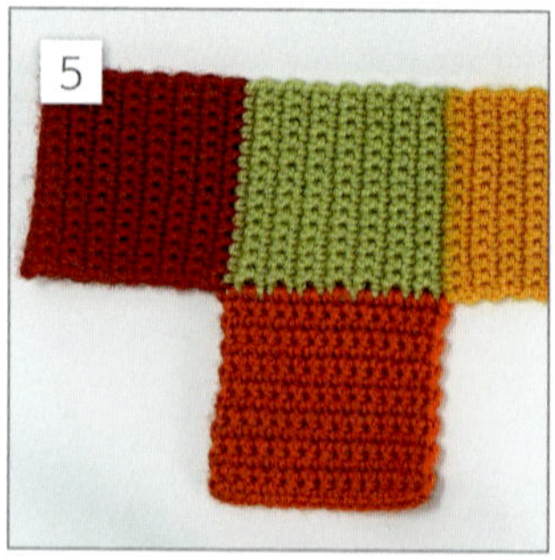


Das 8. Quadrat an den rechten Rand des 2. Quadrates genauso anhäkeln.

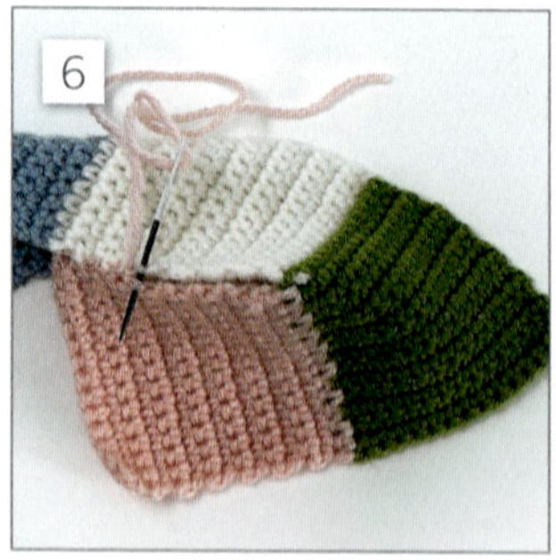


Beim Zusammennähen zunächst die Kanten A auf A legen und mit Steppstichen schließen.

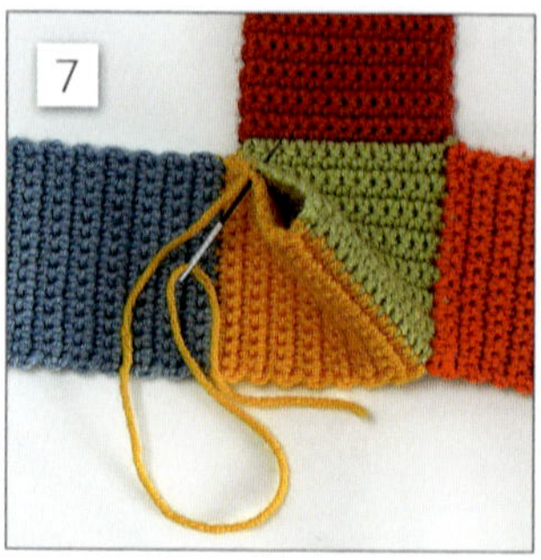


Danach die Kanten B auf B aufeinanderlegen und schließen.

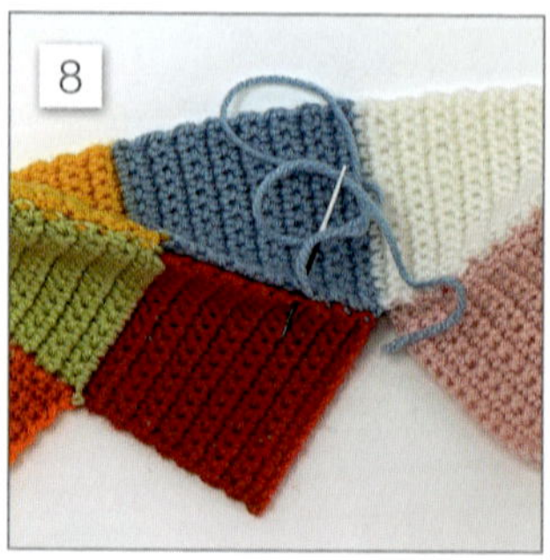


Im Anschluss die Kanten C auf C schließen.

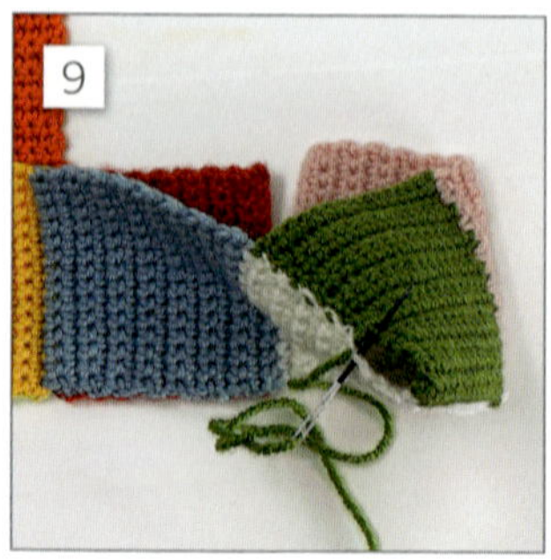


Dann auf der gegenüberliegenden Seite die Kanten D auf D schließen.

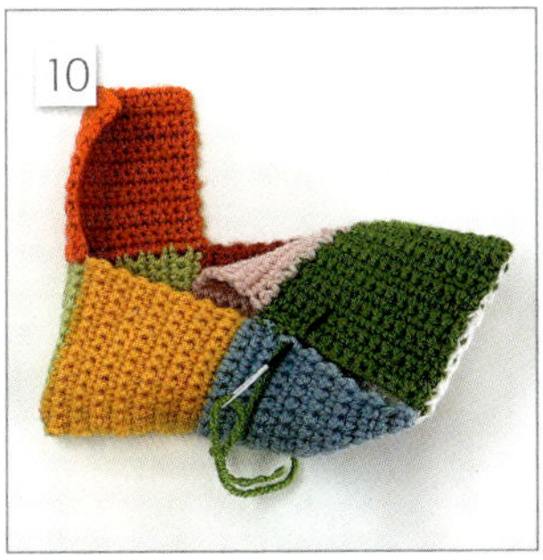


Nun die Kanten E auf E schließen.

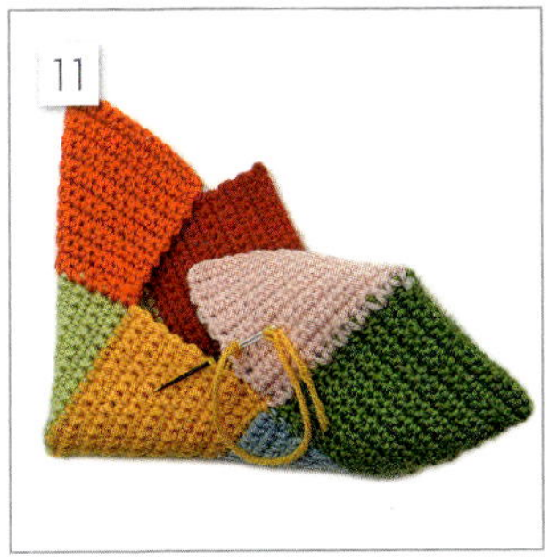


Zum Schluss die Kanten F auf F zusammennähen …

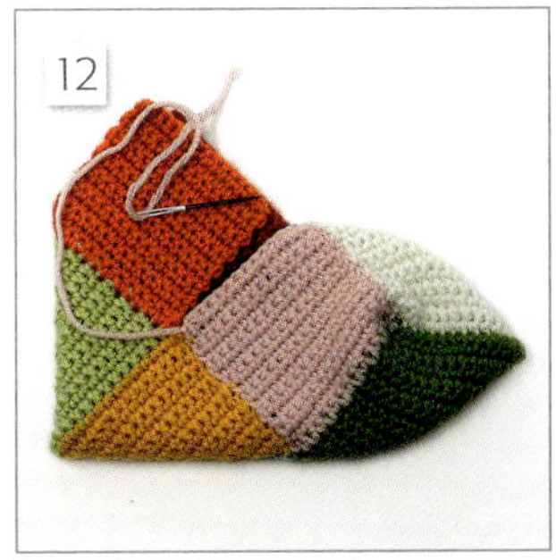


… und gleich danach um die Ecke G auf G schließen.

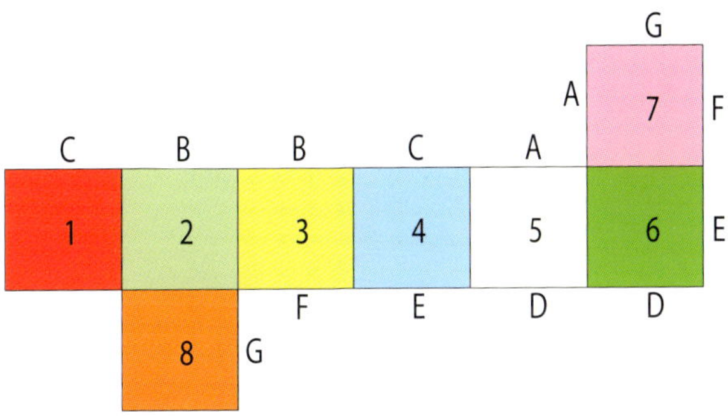


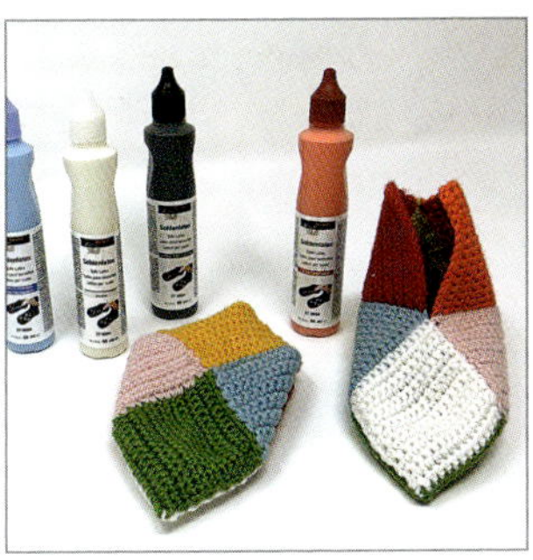

**Tipp:** Damit die Puschen rutschfest werden, die Sohlen nach dem Zusammennähen mit Sohlen-Latex ausstatten. Dazu gibt es ein Video auf YouTube: https://youtu.be/FWbZE_ht4E0.

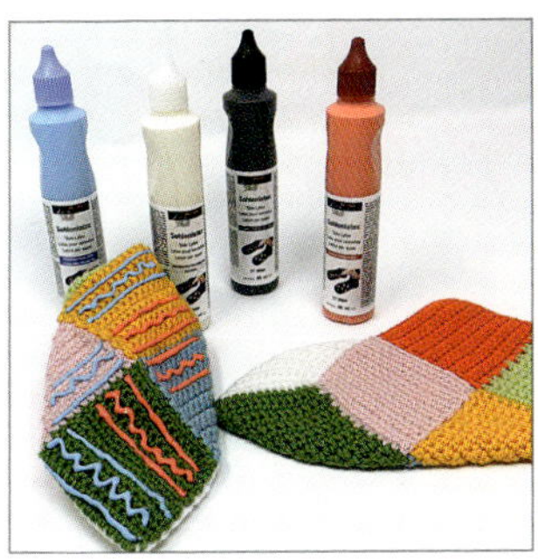

Dafür die Puschen mit der flachen Sohle nach oben auf den Tisch legen, Latex auftragen und trocknen lassen.

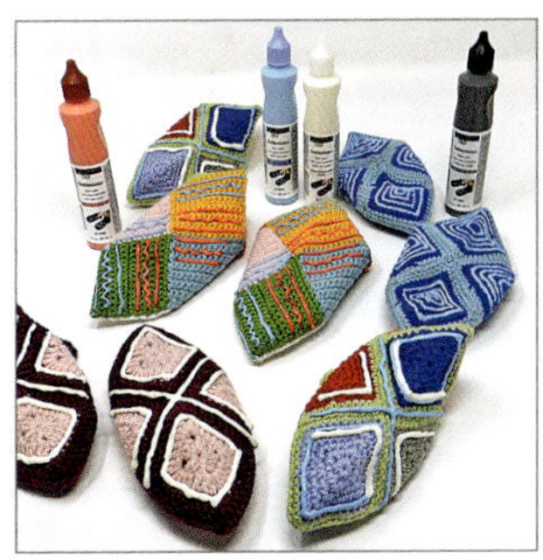

Wir haben die Linien der Häkelreihen als „Hilfslinien" verwendet und an diesen die Latexmilch aufgetragen.

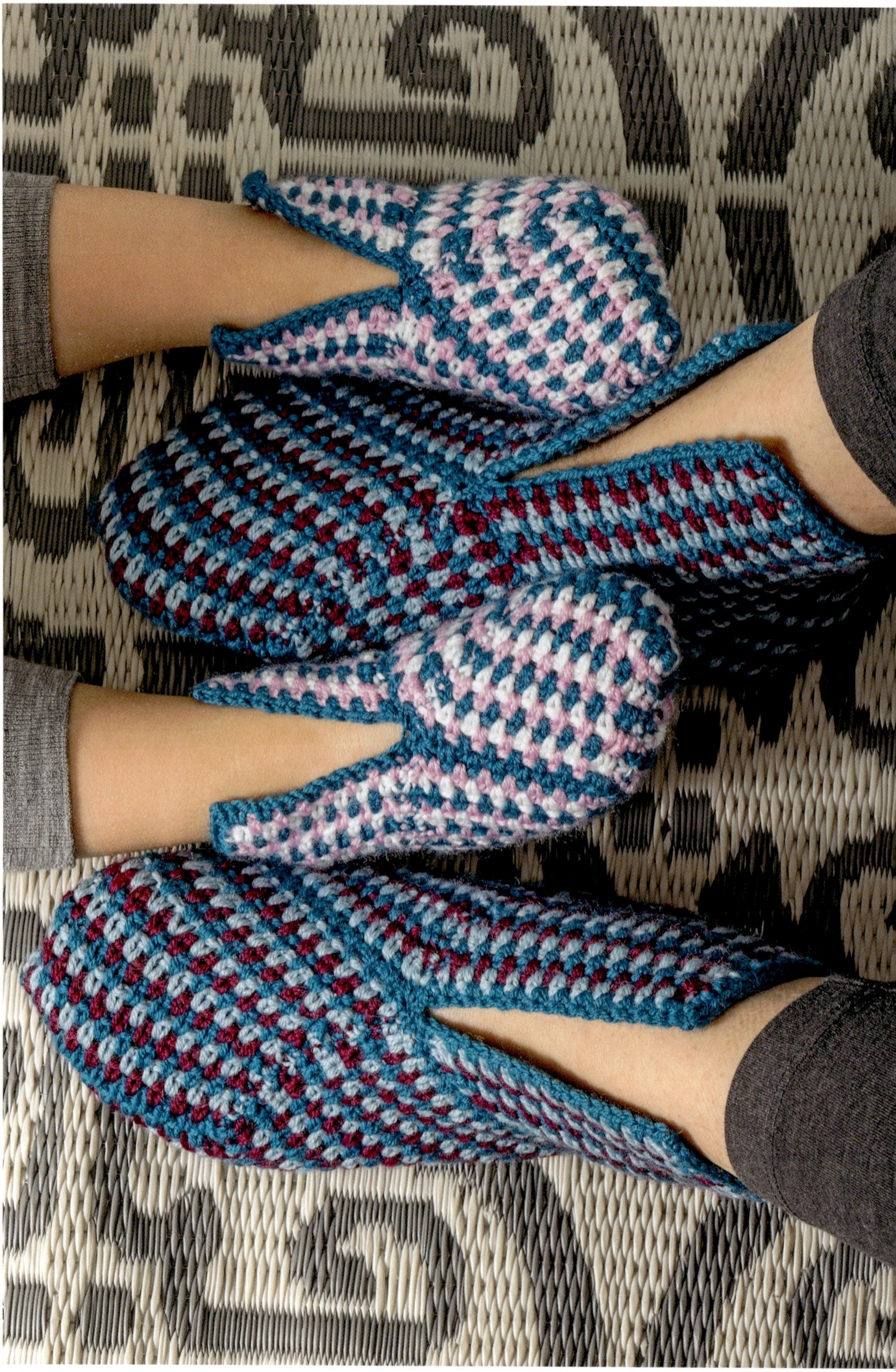

# Klein & Groß

Größe: 27/28 (39/40) 45/46

## MATERIAL

- Woolly Hugs CHARITY (75 % Wolle, 15 % Polyamid, 10 % Polylactid, Lauflänge ca. 100 m/50 g) von L&K (VeronikaHug.com): je 50 g Petrol – Farbe 67, Weiß – Farbe 01 und Azalee – Farbe 43 (je 50 g Petrol – Farbe 67, Jade – Farbe 63 und Fuchsia Farbe – 47) je 100 g Petrol – Farbe 67, Anthrazit – Farbe 97 und Stein – Farbe 90
- 1 Häkelnadel Nr. 3

### Muster

**Reiskornmuster:** Ungerader Maschenanschlag. Nach der Häkelschrift arbeiten. Mit den Maschen vor dem Mustersatz (= MS) beginnen, den MS stets wiederholen, enden mit den Maschen nach dem MS. Die 1.–4. Reihe 1 x arbeiten, danach die 3. und 4. Reihe stets wiederholen.

**Farbfolge A:** * Je 1 Reihe Petrol, Azalee und Weiß, ab * stets wiederholen.

**Farbfolge B:** * Je 1 Reihe Petrol, Fuchsia und Jade, ab * stets wiederholen.

**Farbfolge C:** * Je 1 Reihe Petrol, Stein und Anthrazit, ab * stets wiederholen.

### Maschenprobe im Reiskornmuster

1 Quadrat mit 15 Maschen und 13 Reihen = 6 x 6 cm

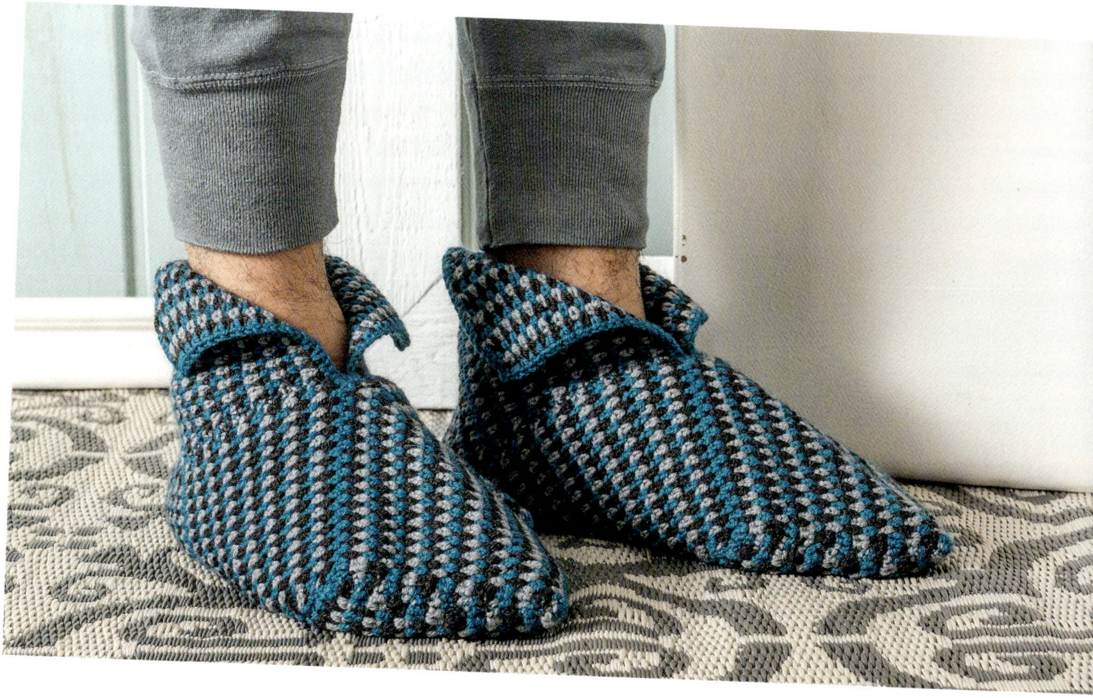

## SO WIRD'S GEMACHT

Für das 1. Quadrat 15 (23) 28 Luftmaschen in Petrol anschlagen und 13 (19) 25 Reihen im Reiskornmuster in Farbfolge A (B) C häkeln. Anschließend für das 2.–6. Quadrat jeweils die gleiche Anzahl Reihen im Reiskornmuster in der entsprechenden Farbfolge häkeln. Das 7. Quadrat im Reiskornmuster direkt auf die linke Seite des 6. Quadrates häkeln. Dabei für die 1. Reihe jeweils 1 feste Masche in die 1. Ecke, 1 Luftmasche, in jede 2. Randmasche 1 feste Masche und 1 Luftmasche arbeiten und mit 1 festen Masche in die 2. Ecke enden = 15 (23) 28 Maschen. Anschließend noch 12 (18) 24 Reihen im Reiskornmuster laut Farbfolge häkeln und enden. An der rechten Seite des 2. Quadrates auf die gleiche Weise das 8. Quadrat anhäkeln.

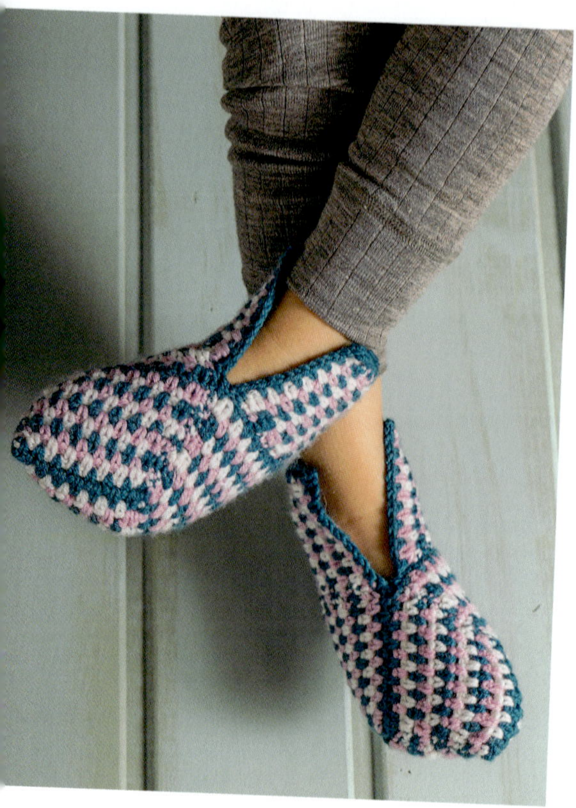

**Fertigstellung:** Die Quadrate laut Workshop auf Seite 6–9 zusammennähen. Die seitlichen Kanten von Quadrat 1 und 8 mit festen Maschen in Petrol behäkeln.

### Häkelschrift

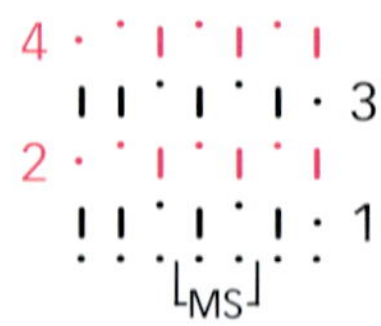


### Zeichenerklärung

· = 1 Luftmasche

I = 1 feste Masche

MS = Mustersatz

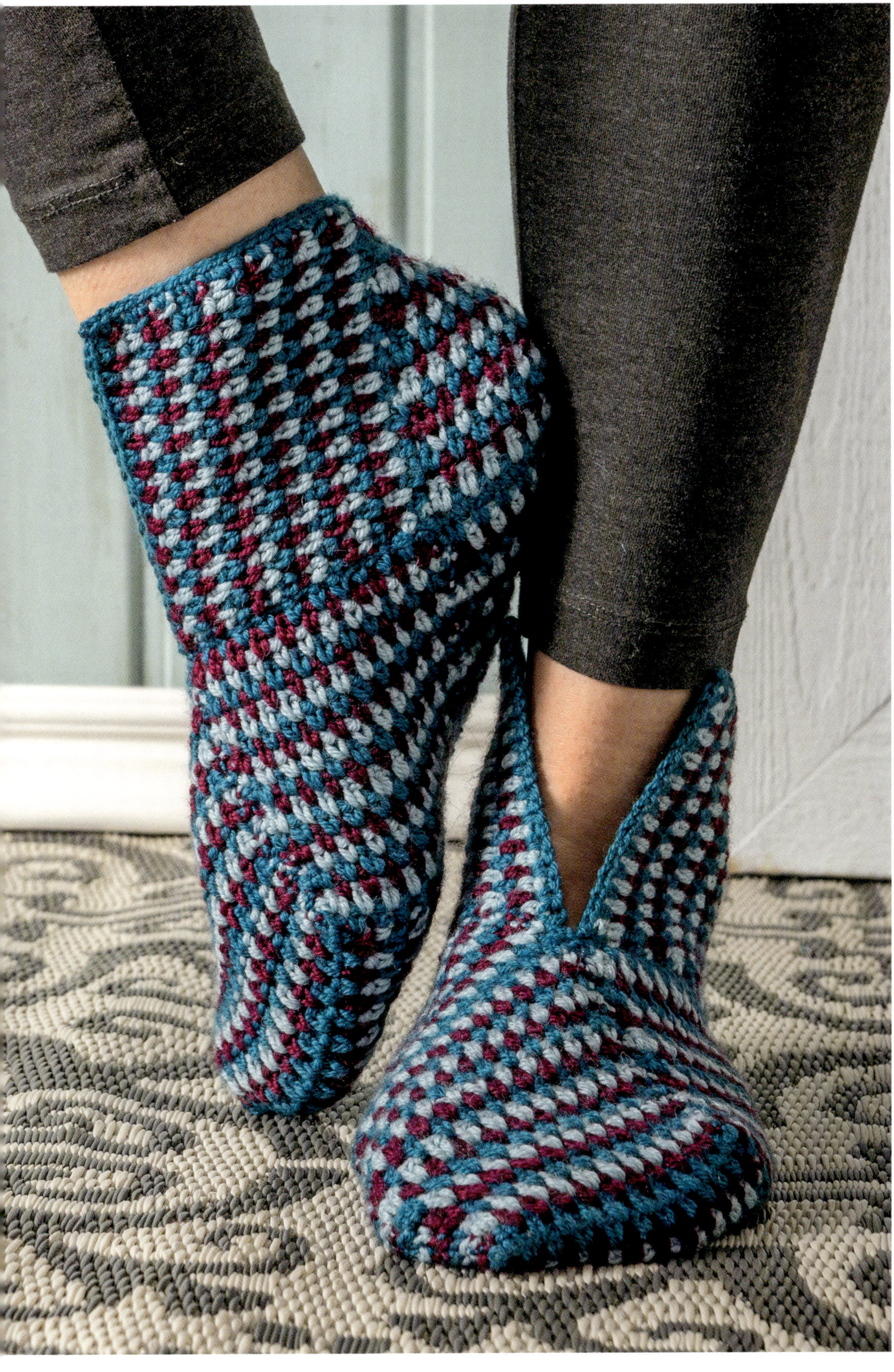

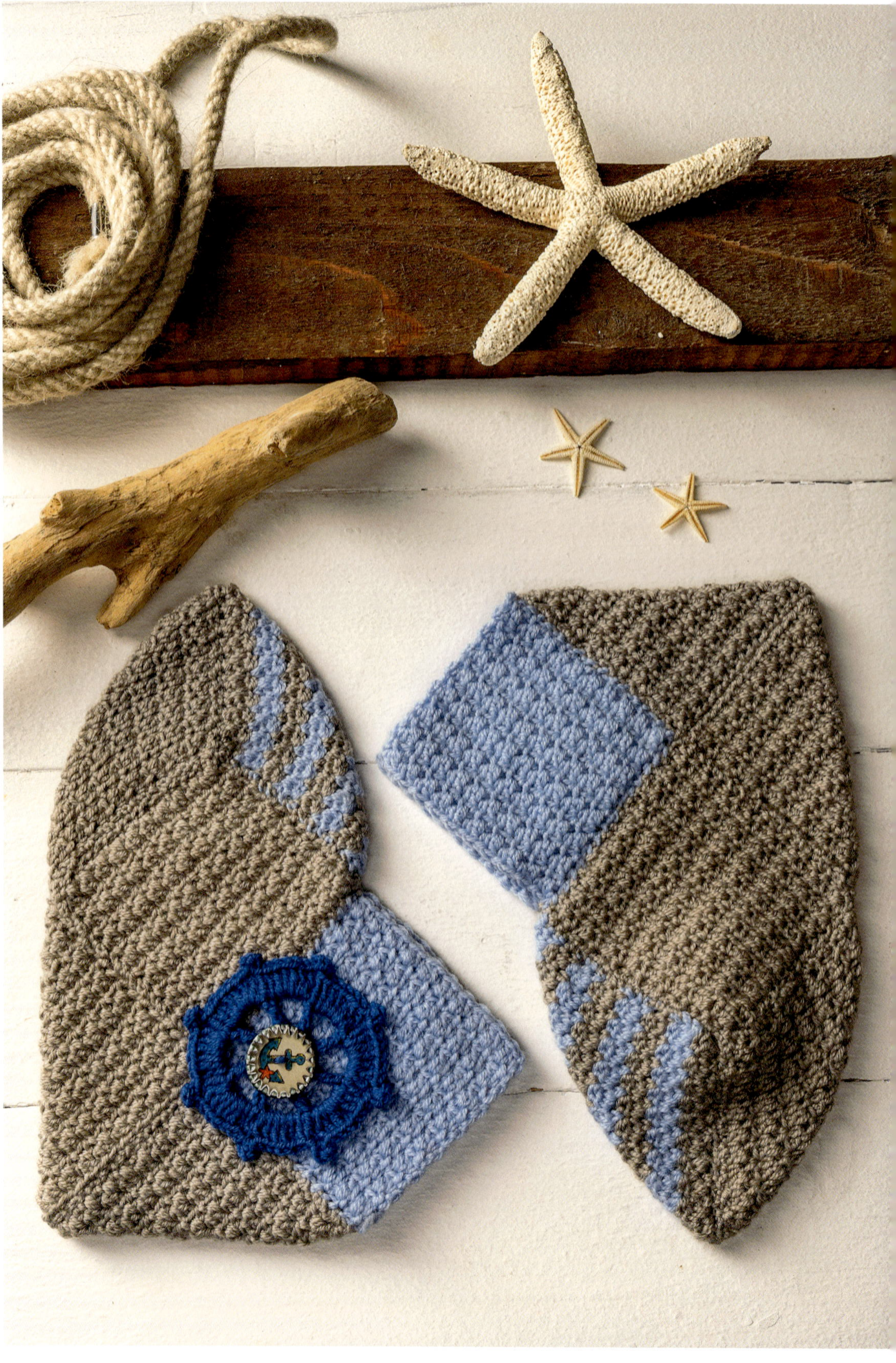

# Ahoi

Größe: 33/34 (39/40)

## MATERIAL

- Woolly Hugs CHARITY (75 % Wolle, 15 % Polyamid, 10 % Polylactid, Lauflänge ca. 100 m/50 g) von L&K (VeronikaHug.com): 100 g Royal – Farbe 51 und 50 g Jade – Farbe 63 (100 g Sand – Farbe 10 und 50 g Hellblau – Farbe 56)
- Wollreste in Hellblau (Royal)
- je 2 Schmuckknöpfe Fisch, Schiff, Leuchtturm (2 Schmuckknöpfe mit maritimem Motiv)
- 1 Häkelnadel Nr. 3

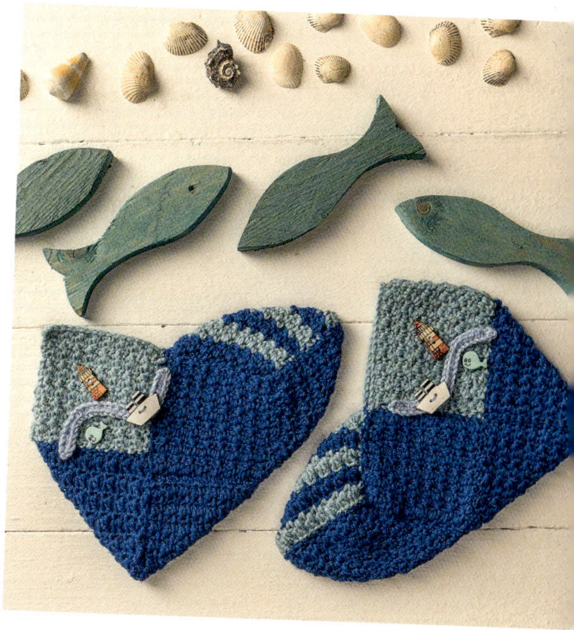

### Muster

**Strukturmuster:** Ungerader Maschenanschlag. Nach der Häkelschrift zu den Baby-Puschen von Seite 28 arbeiten. Mit den Maschen vor dem Mustersatz (= MS) beginnen, den MS stets wiederholen, enden mit den Maschen nach dem MS. Die 1.–4. Reihe 1 x arbeiten, danach die 3. und 4. Reihe stets wiederholen.

**Streifenfolge im Strukturmuster:** Je 2 Reihen Royal und Jade (Sand und Hellblau) im Wechsel.

**Steuerrad (2 x arbeiten):** 6 Luftmaschen in Royal anschlagen und mit 1 Kettmasche zum Ring schließen. Anschließend in Runden wie folgt weiterarbeiten: **1. Runde:** 1 Anfangs-Luftmasche, 8 feste Maschen in den Ring arbeiten und die Runde mit 1 Kettmasche in die 1. feste Masche schließen. **2. Runde:** 4 Anfangs-Luftmaschen als Ersatz für das 1. Doppelstäbchen, 4 Luftmaschen, * 1 Doppelstäbchen, 4 Luftmaschen, ab * noch 6 x wiederholen, enden mit 1 Kettmasche in die letzte Anfangs-Luftmasche. **3. Runde:** 3 Anfangs-Luftmaschen als Ersatz für das 1. Stäbchen, * 1 Picot (= 3 Luftmaschen, 1 feste Masche zurück in die 1. Luftmasche), 6 Stäbchen um den Luftmaschenbogen der Vorrunde, ab * noch 6 x wiederholen, enden mit 1 Picot, 5 Stäbchen, 1 Kettmasche in die letzte Anfangs-Luftmasche.

**Welle (2 x arbeiten):** 25 Luftmaschen in Hellblau anschlagen und mit 1 Reihe fester Maschen behäkeln.

### Maschenprobe im Strukturmuster

1 Quadrat mit 17 (21) Maschen und 12 (16) Reihen = 7,5 x 7,5 (9 x 9) cm

## SO WIRD'S GEMACHT

Für das 1. Quadrat 17 (21) Luftmaschen + 1 Wende-Luftmasche in Jade (Hellblau) anschlagen und 12 (16) Reihen im Strukturmuster häkeln. Anschließend in Royal (Sand) für das 2.–6. Quadrat jeweils die gleiche Anzahl Reihen im Strukturmuster häkeln, dabei das 5. Quadrat in der Streifenfolge arbeiten. Das 7. Quadrat im Strukturmuster in Royal (Sand) direkt auf die linke Seite des 6. Quadrates häkeln. Dabei für die 1. Reihe jeweils 1 feste Masche in die 1. Ecke des 6. Quadrates, 1 Luftmasche, in jede 2. Randmasche 1 feste Masche und 1 Luftmasche arbeiten und mit 1 festen Masche in die 2. Ecke enden = 17 (21) Maschen. Anschließend noch 11 (15) Reihen im Strukturmuster häkeln und enden. An der rechten Seite des 2. Quadrates auf die gleiche Weise das 8. Quadrat in Jade (Hellblau) anhäkeln.

**Fertigstellung:** Die Quadrate laut Workshop auf Seite 6–9 zusammennähen. Bei den blauen Puschen auf den Außenseiten die Welle laut Foto in Form legen und aufnähen. Motivknöpfe entsprechend aufnähen. Bei den sandfarbenen Puschen jeweils 1 Steuerrad auf die Außenseite nähen und mit dem Motivknopf verzieren.

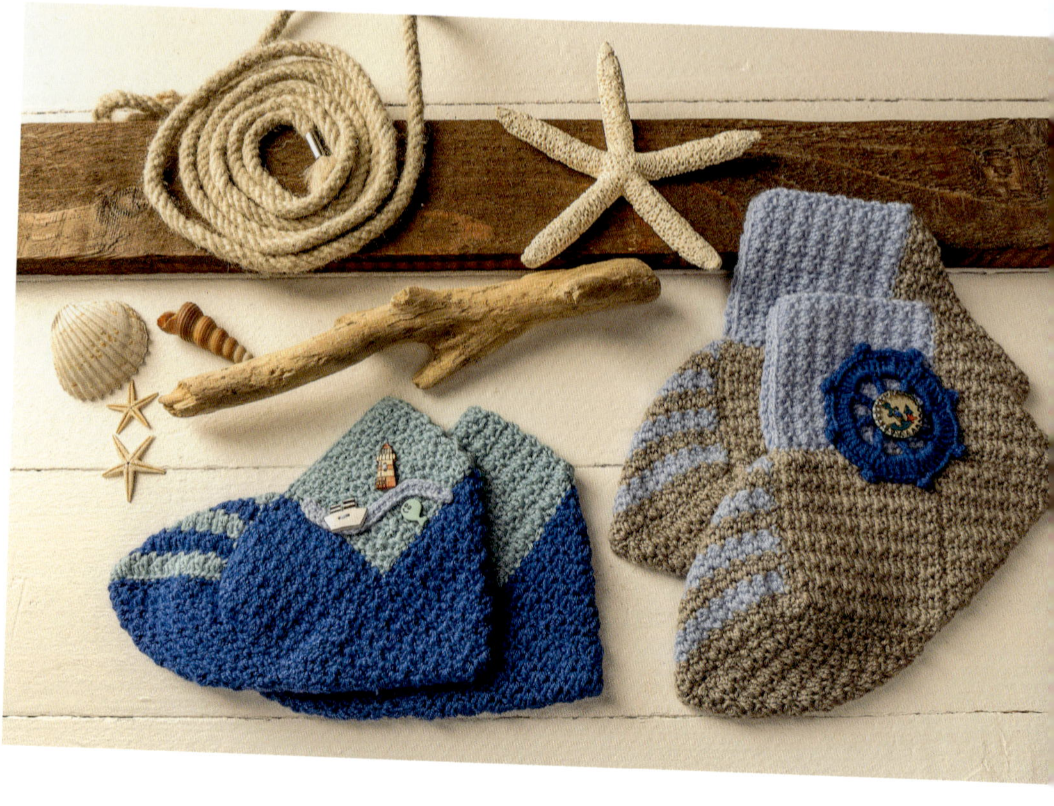

# Kunterbunt

Größe: 19/21 (29/30) 37/38

## MATERIAL

- Woolly Hugs CHARITY (75 % Wolle, 15 % Polyamid, 10 % Polylactid, Lauflänge ca. 100 m/50 g) von L&K (VeronikaHug.com): je 50 g Kiwi – Farbe 47, Rot – Farbe 30, Sand – Farbe 10, Weiß – Farbe 01, Petrol – Farbe 67, Fuchsia – Farbe 47, Gelb – Farbe 22, Orange – Farbe 26 und Hellblau – Farbe 63 (Kiwi – Farbe 47, Rot – Farbe 30, Sand – Farbe 10, Petrol – Farbe 67, Orange – Farbe 26, Royal – Farbe 51, Apfel – Farbe 75, Gelb – Farbe 22 und Hellblau – Farbe 63) Sand – Farbe 10, Jade – Farbe 03, Azalee – Farbe 43, Fuchsia – Farbe 47, Royal – Farbe 51, Gelb – Farbe 22, Orange – Farbe 26, Weiß – Farbe 01 und Kiwi – Farbe 47
- Wollreste in Weiß (Rot)
- je 1 Herzknopf in Rot und Hellblau (je 1 Herzknopf in Grün und Gelb)
- 2 Herzknöpfe in Holzoptik
- 1 Häkelnadel Nr. 3

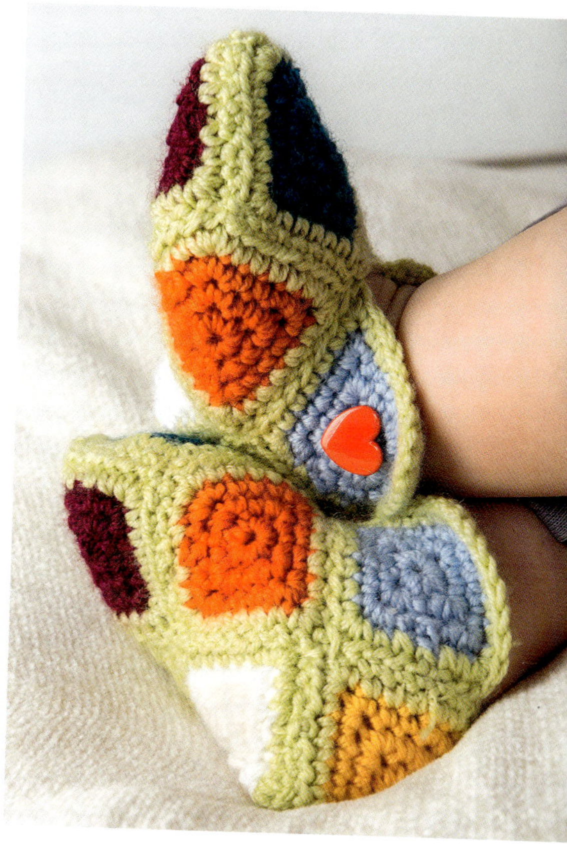

### Muster

**Quadrat:** 1 Fadenring legen und nach der Häkelschrift in Runden arbeiten, dabei beginnt jede Runde mit 1 zusätzlichen Anfangs-Luftmasche und endet mit 1 Kettmasche in die 1. feste Masche der Runde. Die 1.–4. (1.–6.) 1.–8. Runde 1 x arbeiten, dabei die 1.–3. (1.–5.) 1.–7. Runde in unterschiedlichen Schmuckfarben, die letzte Runde stets in Kiwi arbeiten.

**Farbfolge A:** Rot (= Nr. 1), Gelb (= Nr. 2), Weiß (= Nr. 3), Sand (= Nr. 4), Petrol (= Nr. 5), Fuchsia (= Nr. 6), Orange (= Nr. 7) und Hellblau (= Nr. 8).

**Farbfolge B:** Apfel (= Nr. 1), Orange (= Nr. 2), Royal (= Nr. 3), Sand (= Nr. 4), Petrol (= Nr. 5), Hellblau (= Nr. 6), Rot (= Nr. 7) und Gelb (= Nr. 8).

**Farbfolge C:** Weiß (= Nr. 1), Orange (= Nr. 2), Gelb (= Nr. 3), Jade (= Nr. 4), Fuchsia (= Nr. 5), Azalee (= Nr. 6), Royal (= Nr. 7) und Sand (= Nr. 8).

**Für Größe 29/30: Luftballon (je 1 x in Gelb und Grün):** 3 Luftmaschen anschlagen und mit festen Maschen in Reihen weiterarbeiten, dabei beginnt jede Reihe mit 1 zusätzlichen Wende-Luftmasche: **1. Reihe:** 3 feste Maschen. **2. Reihe:** die 1. und letzte Masche verdoppeln = 5 Maschen. **3. Reihe:** wie 2. Reihe = 7 Maschen. **4. + 5. Reihe:** ohne Zunahmen arbeiten. **6. Reihe:** 2 feste Maschen zusammen abmaschen, 3 feste Maschen, 2 feste Maschen zusammen abmaschen = 5 Maschen. **7. Reihe:** 2 feste Maschen zusammen abmaschen, 1 feste Masche, 2 feste Maschen zusammen abmaschen = 3 Maschen. **8. Reihe:** 1 feste Masche, 2 feste Maschen zusammen abmaschen = 2 Maschen. **9. Reihe:** feste Maschen. Für die Schnur in Weiß ca. 12 Luftmaschen häkeln, mit 1 Kettmasche zwischen den beiden letzten Maschen des Ballons anschlingen und mit dem Arbeitsfaden die Bindestelle des Ballons umwickeln.

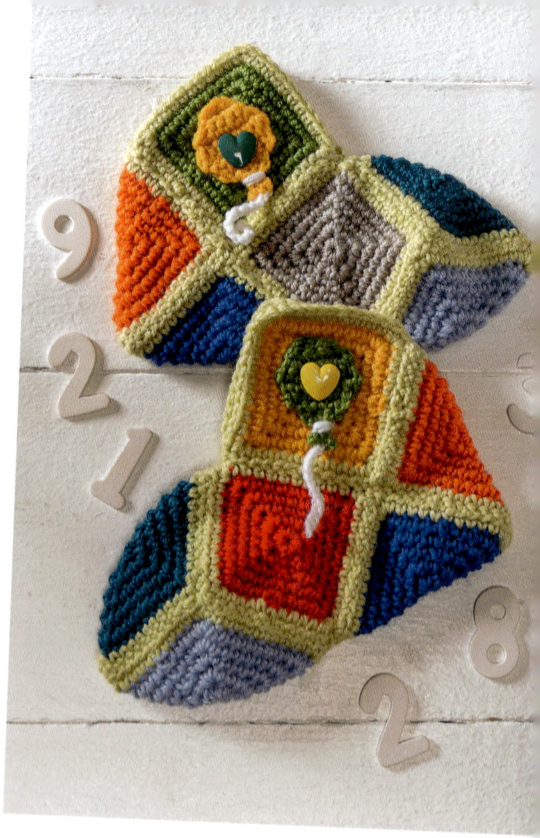

## Häkelschrift

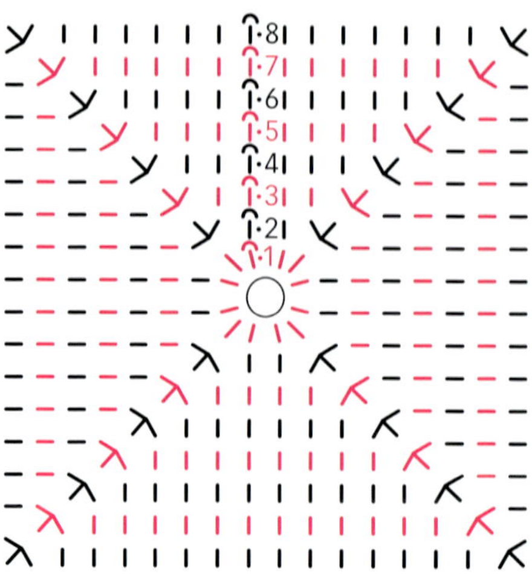


### Zeichenerklärung

- ○ = 1 Fadenring
- · = 1 Luftmasche
- ⌒ = 1 Kettmasche
- I = 1 feste Masche
- V = 3 feste Maschen in 1 Einstichstelle

**Für Größe 35/36: Herz (2 x arbeiten):** 4 Luftmaschen in Rot anschlagen und mit 1 Kettmasche zur Runde schließen. **1. Runde:** 3 Luftmaschen, 4 Doppelstäbchen, 3 Stäbchen, 2 Doppelstäbchen, 3 Stäbchen, 4 Doppelstäbchen, 3 Luftmaschen, 1 Kettmasche in den Ring arbeiten. **2. Runde:** 3 Luftmaschen, in jedes Doppelstäbchen der Vorrunde 2 feste Maschen, in jedes Stäbchen der Vorrunde 1 feste Masche arbeiten, enden mit 3 Luftmaschen, 1 Kettmasche in den Ring arbeiten.

### Maschenprobe

1 Quadrat über 4 (6) 8 Runden = 4 x 4 (6,5 x 6,5) 8,5 x 8,5 cm

## SO WIRD'S GEMACHT

8 Quadrate häkeln, dabei die Schmuckfarben nach Farbfolge A (B) C einsetzen.

**Fertigstellung:** Laut Workshop auf Seite 6–9 die Quadrate zunächst zu einem Streifen zusammennähen, dabei die Farben entsprechend der Nummerierung der Farbfolge A (B) C aneinanderreihen. Dann die seitlichen Quadrate annähen. Anschließend die Puschen zusammennähen. Bei den kleinsten Puschen auf die oberen äußeren Quadrate je 1 Herzknopf nähen. Bei den mittelgroßen Puschen auf die oberen äußeren Quadrate je 1 Ballon in Kontrastfarbe aufnähen, dabei die Ballonschnur hängen lassen. Jeweils in die Ballonmitte einen Herzknopf nähen. Bei den großen Puschen auf die oberen äußeren Quadrate je 1 Herz und in die Mitte einen Holz-Herzknopf nähen.

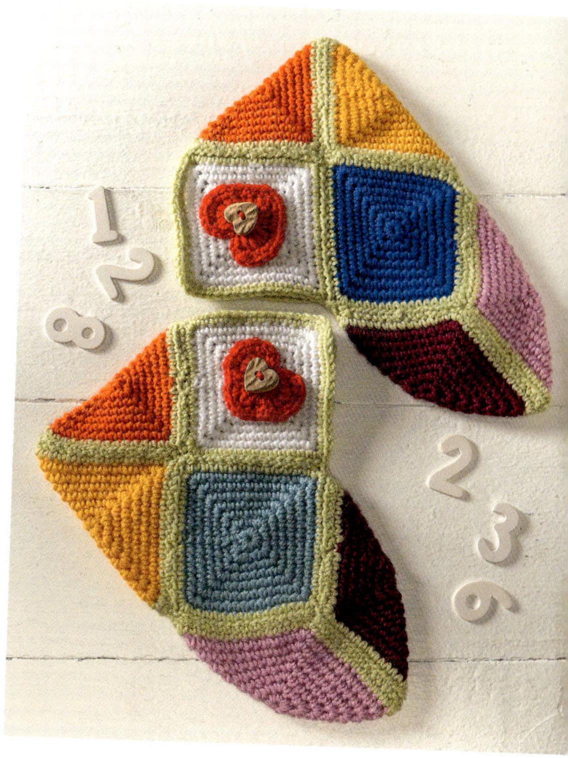

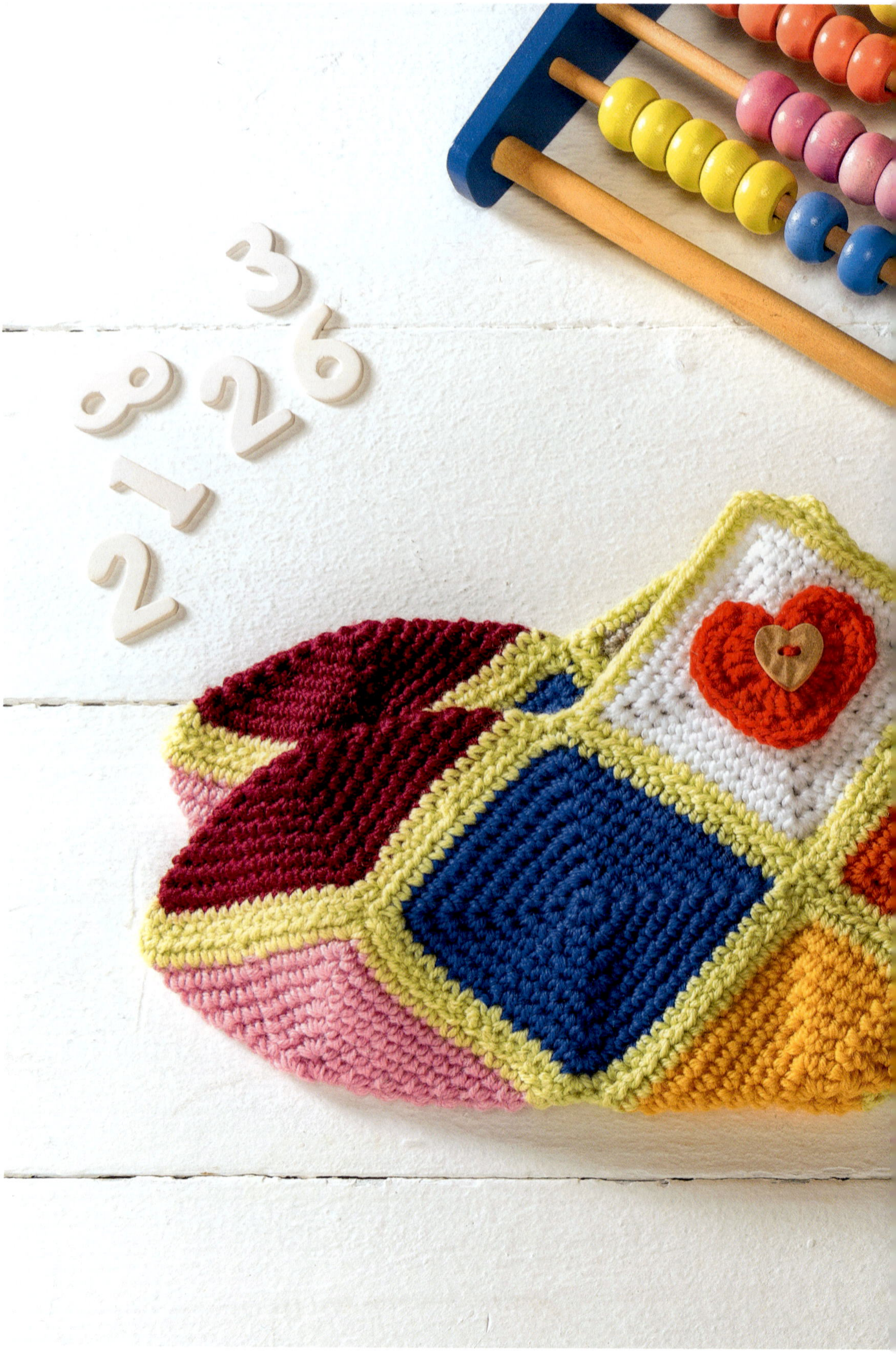

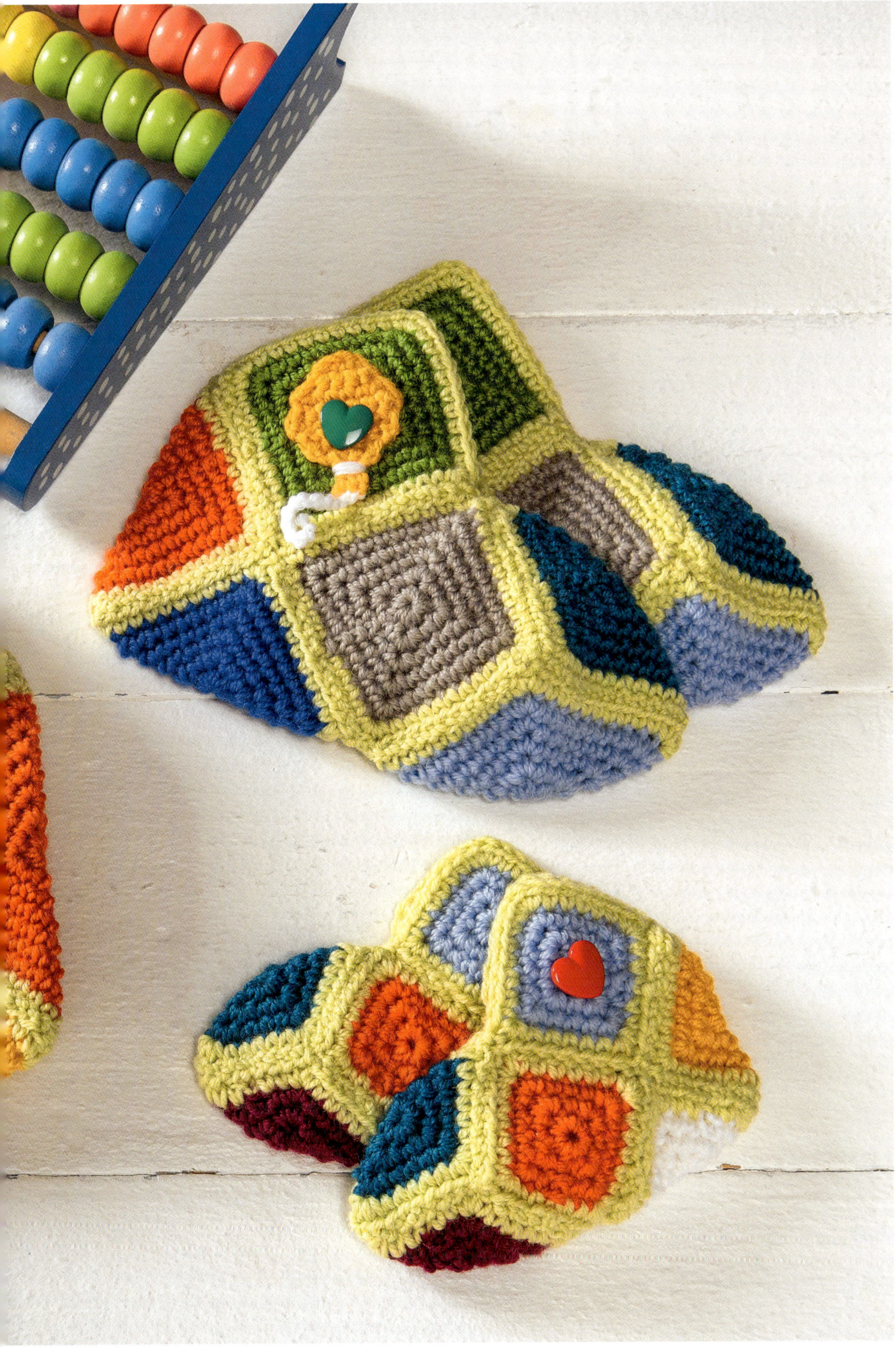

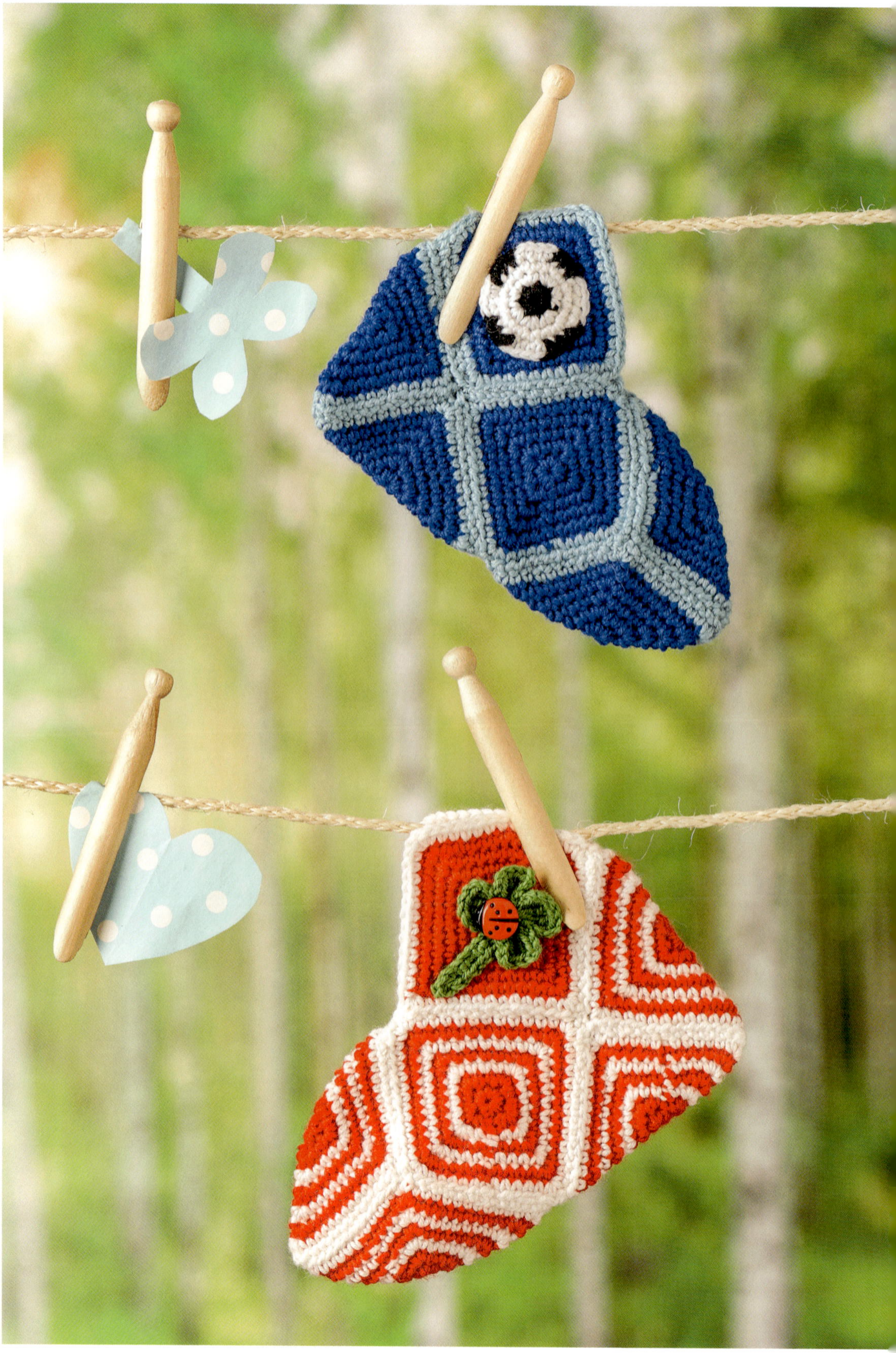

# Volltreffer

Größe: 29/30 (31/32)

## MATERIAL

- Woolly Hugs CHARITY (75 % Wolle, 15 % Polyamid, 10 % Polylactid, Lauflänge ca. 100 m/50 g) von L&K (VeronikaHug.com): je 50 g Jade – Farbe 63 und Royal – Farbe 51 (Rot – Farbe 30 und Weiß – Farbe 01)
- Wollreste in Schwarz und Weiß (in Grün)
- 2 Marienkäferknöpfe
- 1 Häkelnadel Nr. 3

### Muster

**Quadrat:** 1 Fadenring legen und nach der Häkelschrift zu Modell „Kunterbunt" von Seite 17 in Runden arbeiten, dabei beginnt jede Runde mit 1 zusätzlichen Anfangs-Luftmasche und endet mit 1 Kettmasche in die 1. feste Masche der Runde. Die 1.–6. (7.) Runde 1 x arbeiten.

**Farbfolge A:** 5 Runden Royal, 1 Runde Jade.

**Farbfolge B:** 2 Runden Rot, * 1 Runde Weiß, 1 Runde Rot, ab * 1 x wiederholen, 1 Runde Weiß.

**Farbfolge C:** 6 Runden Rot, 1 Runde Weiß.

Fußball (2 x arbeiten): 4 Luftmaschen in Schwarz anschlagen und mit 1 Kettmasche zur Runde schließen. Mit festen Maschen in Runden weiterarbeiten. Jede Runde beginnt mit 1 zusätzlichen Anfangs-Luftmasche und endet mit 1 Kettmasche in die 1. feste Masche der Runde. **1. Runde:** 7 feste Maschen in den Ring arbeiten. **2. Runde in Weiß:** jede Masche verdoppeln = 14 Maschen. **3. Runde:** jede 2. Masche verdoppeln = 21 Maschen.

**4. Runde:** jede 3. Masche verdoppeln, dabei jeweils 4 Maschen Weiß und 3 Maschen Schwarz im Wechsel arbeiten = 28 Maschen.

**Kleeblatt (2 x arbeiten):** 5 Luftmaschen in Grün anschlagen und mit 1 Kettmasche zur Runde schließen. **1. Runde:** * 4 Luftmaschen, 3 Doppelstäbchen, 4 Luftmaschen, 1 Kettmasche in den Ring arbeiten, ab * noch 3 x wiederholen. Für den Stiel 11 Luftmaschen arbeiten und mit festen Maschen zurückhäkeln, mit 1 Kettmasche in den Ring enden.

### Maschenprobe

1 Quadrat über 6 (7) Runden = 6,5 x 6,5 (7 x 7) cm

## SO WIRD'S GEMACHT

8 Quadrate in Farbfolge A (6 Quadrate in Farbfolge B und 2 Quadrate in Farbfolge C) häkeln.

**Fertigstellung:** Laut Workshop auf Seite 6–9 die Quadrate zunächst zu einem Streifen zusammennähen, dann die seitlichen Quadrate annähen. Bei den rot-weißen Schuhen die Quadrate in Farbfolge C als Quadrat 1 und 8 einsetzen. Anschließend die Puschen zusammennähen. Je 1 Fußballmotiv auf die oberen äußeren Quadrate aufnähen (je 1 Kleeblatt so aufnähen, dass die Blätter frei bleiben, und den Marienkäferknopf mittig aufnähen).

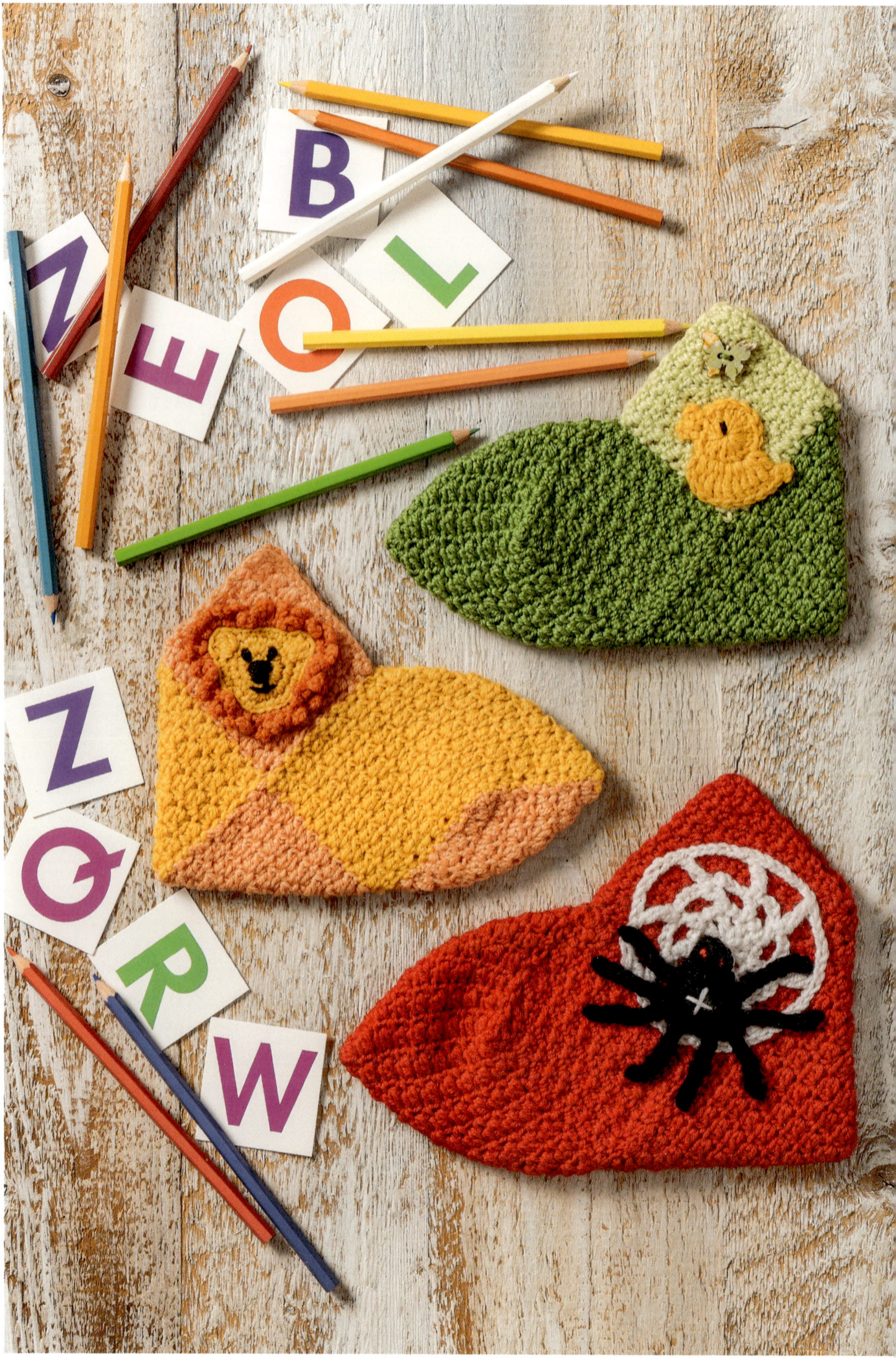
B
N
E
O
L
Z
Q
R
W

# Tierisch gut drauf

Größe: 33/34 (33/34) 37/38

## MATERIAL

- Woolly Hugs CHARITY (75 % Wolle, 15 % Polyamid, 10 % Polylactid, Lauflänge ca. 100 m/50 g) von L&K (VeronikaHug.com): je 50 g Apfel – Farbe 75 und Kiwi – Farbe 24 (je 50 g Lachs – Farbe 25 und Gelb – Farbe 22) 100 g Rot – Farbe 30
- Wollreste in Gelb und Schwarz (Orange und Schwarz) Schwarz und Weiß
- für die Enten-Puschen 2 Schmetterlingsknöpfe
- 1 Häkelnadel Nr. 3, für die Spinne Nr. 2,5

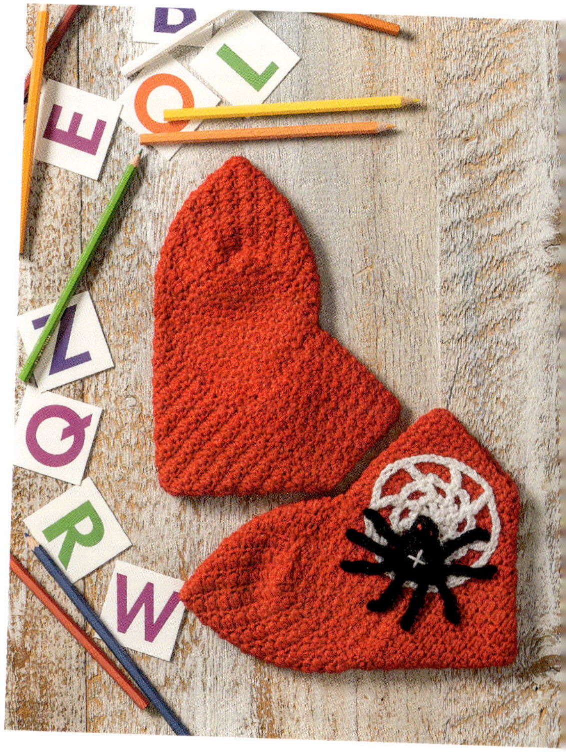

### Muster

**Strukturmuster:** Ungerader Maschenanschlag. Nach der Häkelschrift zu den Baby-Puschen von Seite 28 arbeiten. Mit den Maschen vor dem Mustersatz (= MS) beginnen, den MS stets wiederholen, enden mit den Maschen nach dem MS. Die 1.–4. Reihe 1 x arbeiten, danach die 3. und 4. Reihe stets wiederholen.

**Farbfolge Löwen-Puschen:** * 12 Reihen Lachs, 12 Reihen Gelb, ab * 1 x wiederholen, ** 12 Reihen Gelb, 12 Reihen Lachs, ab ** 1 x wiederholen.

**Ente (2 x arbeiten):** 1 Fadenring in Gelb legen, 3 Anfangs-Luftmaschen und 15 Stäbchen in den Ring arbeiten und die Runde mit 1 Kettmasche schließen. Für den Schnabel * 4 Luftmaschen, 1 Kettmasche in die 1. Masche der Vorrunde häkeln, ab * 1 x wiederholen; 1 Kettmasche in die folgende Masche der Vorrunde, 2 Luftmaschen, 1 Stäbchen, in die folgenden 3 Maschen jeweils 3 Doppelstäbchen häkeln und für das Schwänzchen 4 Luftmaschen und 1 Kettmasche zurück in den Kopf des letzten Doppelstäbchens arbeiten. Je 1 Auge in Schwarz aufsticken.

**Löwenkopf (2 x arbeiten):** 4 Luftmaschen in Gelb anschlagen und mit 1 Kettmasche zur Runde schließen. Anschließend mit festen Maschen in Spiralrunden weiterarbeiten, dabei den Rundenanfang markieren. **1. Runde:** 7 feste Maschen in den Ring arbeiten. **2. Runde:** jede Masche verdoppeln = 14 Maschen. **3. Runde:** jede 2. Masche verdoppeln = 21 Maschen. **4. Runde:** * jede 3. Masche verdoppeln, ab * noch 2 x wiederholen, in die folgende Masche 4 Doppelstäbchen in 1 Einstichstelle, 6 feste Maschen, 4 Doppelstäbchen in 1 Einstichstelle, 4 feste Maschen = 30 Maschen. Nun in Orange wie folgt weiterarbeiten, dabei stets nur in das hintere Maschenglied der Vorrunde einstechen: 1 Kettmasche, * 6 Luftmaschen, 1 Kettmasche in die folgende Masche, ab * stets wiederholen, die Runde mit 1 Kettmasche schließen. Das Gesicht mit Spannstichen in Schwarz laut Foto aufsticken.

**Spinne (2 x arbeiten):** 5 Luftmaschen mit Nadel Nr. 2,5 in Schwarz anschlagen und mit 1 Kettmasche zur Runde schließen. Nach der Häkelschrift in Runden arbeiten. Jede Runde beginnt mit Anfangs-Luftmaschen wie gezeichnet und endet mit 1 Kettmasche. Die 1. und 2. Runde 1 x arbeiten.

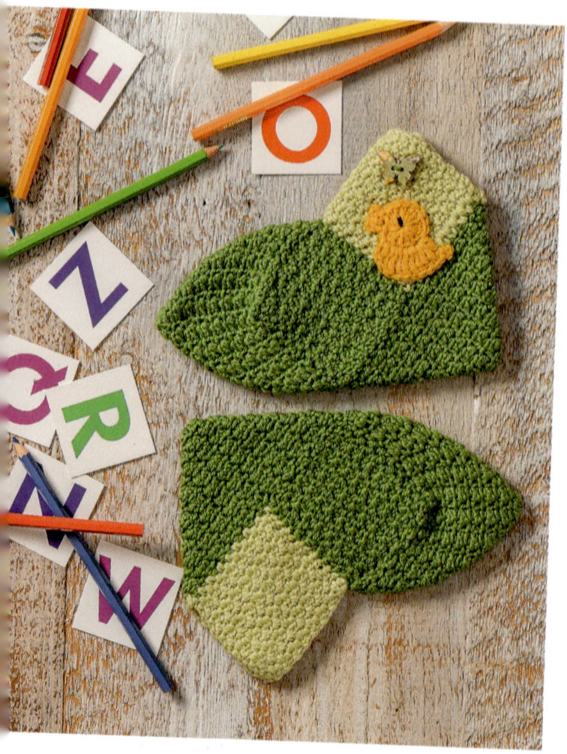

**Netz (2 x arbeiten):** 1 Fadenring in Weiß legen und mit Nadel Nr. 3 in Runden weiterarbeiten. **1. Runde:** 3 Anfangs-Luftmaschen als Ersatz für das 1. Stäbchen, 2 Luftmaschen, * 1 Stäbchen, 2 Luftmaschen, ab * noch 6 x wiederholen. Diese und jede weitere Runde mit 1 Kettmasche in die letzte Anfangs-Luftmasche schließen. **2. Runde:** 3 Anfangs-Luftmaschen, 4 Luftmaschen, * 1 Stäbchen, 4 Luftmaschen, ab * noch 6 x wiederholen. **3. Runde:** 4 Anfangs-Luftmaschen, 6 Luftmaschen, * 1 Doppelstäbchen, 6 Luftmaschen, ab * noch 6 x wiederholen.

### Maschenprobe im Strukturmuster mit Nadel Nr. 3

1 Quadrat mit 17 (17) 19 Maschen und 12 (12) 14 Reihen = 7,5 x 7,5 (7,5 x 7,5) 8,5 x 8,5 cm

## SO WIRD'S GEMACHT

Für das 1. Quadrat 17 (17) 19 Luftmaschen + 1 Wende-Luftmasche in Kiwi (Lachs) Rot mit Nadel Nr. 3 anschlagen und 12 (12) 14 Reihen im Strukturmuster häkeln. Anschließend in Apfel (in der Farbfolge) in Rot für das 2.–6. Quadrat jeweils die gleiche Anzahl Reihen im Strukturmuster häkeln. Das 7. Quadrat im Strukturmuster in Apfel (Gelb) Rot direkt auf die linke Seite des 6. Quadrates häkeln. Dabei für die 1. Reihe jeweils 1 feste Masche in die 1. Ecke des 6. Quadrates, 1 Luftmasche, in jede 2. Randmasche 1 feste Masche und 1 Luftmasche arbeiten und mit 1 festen Masche in die 2. Ecke enden = 17 (17) 19 Maschen. Anschließend noch 11 (11) 13 Reihen im Strukturmuster häkeln und enden. An der rechten Seite des 2. Quadrates auf die gleiche Weise das 8. Quadrat in Kiwi (Lachs) Rot anhäkeln.

**Fertigstellung:** Die Quadrate laut Workshop auf Seite 6–9 zusammennähen. Bei den grünen Puschen jeweils auf das äußere kiwifarbene Quadrat die Entchen (gegengleich) und den Schmetterlingsknopf aufnähen. Bei den Puschen in Lachs/Gelb jeweils einen Löwenkopf auf die äußeren lachsfarbenen Quadrate nähen. Bei den roten Puschen auf die Außenseiten die Netze laut Foto aufnähen. Spinnen aufnähen, dabei den Spinnenkörper mit einigen Wollfäden ausstopfen. Augen in Rot und Kreuz in Weiß aufsticken.

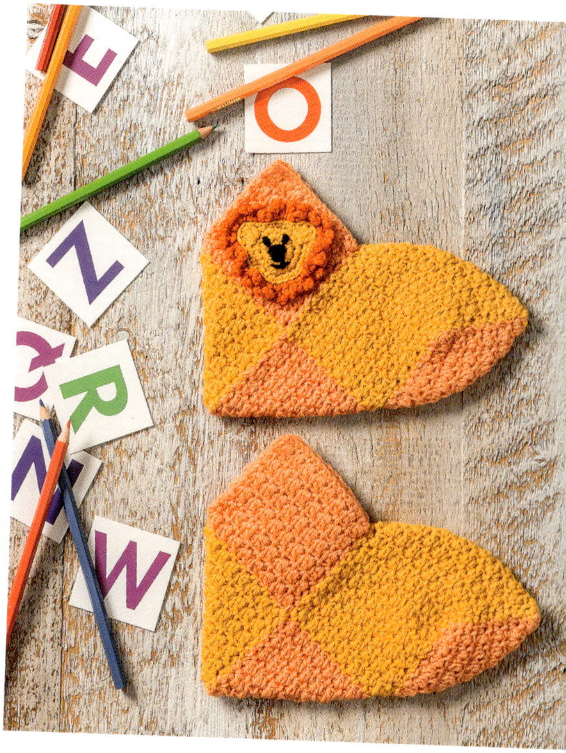

## Häkelschrift

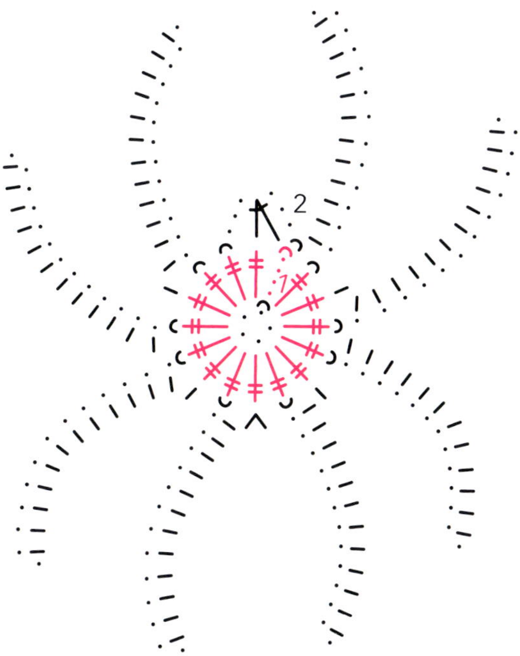

### Zeichenerklärung

- · = 1 Luftmasche
- ⌒ = 1 Kettmasche
- I = 1 feste Masche
- V = 2 feste Maschen in 1 Einstichstelle
- † = 1 Stäbchen
- Ѧ = 2 zusammen abgemaschte Stäbchen
- ‡ = 1 Doppelstäbchen

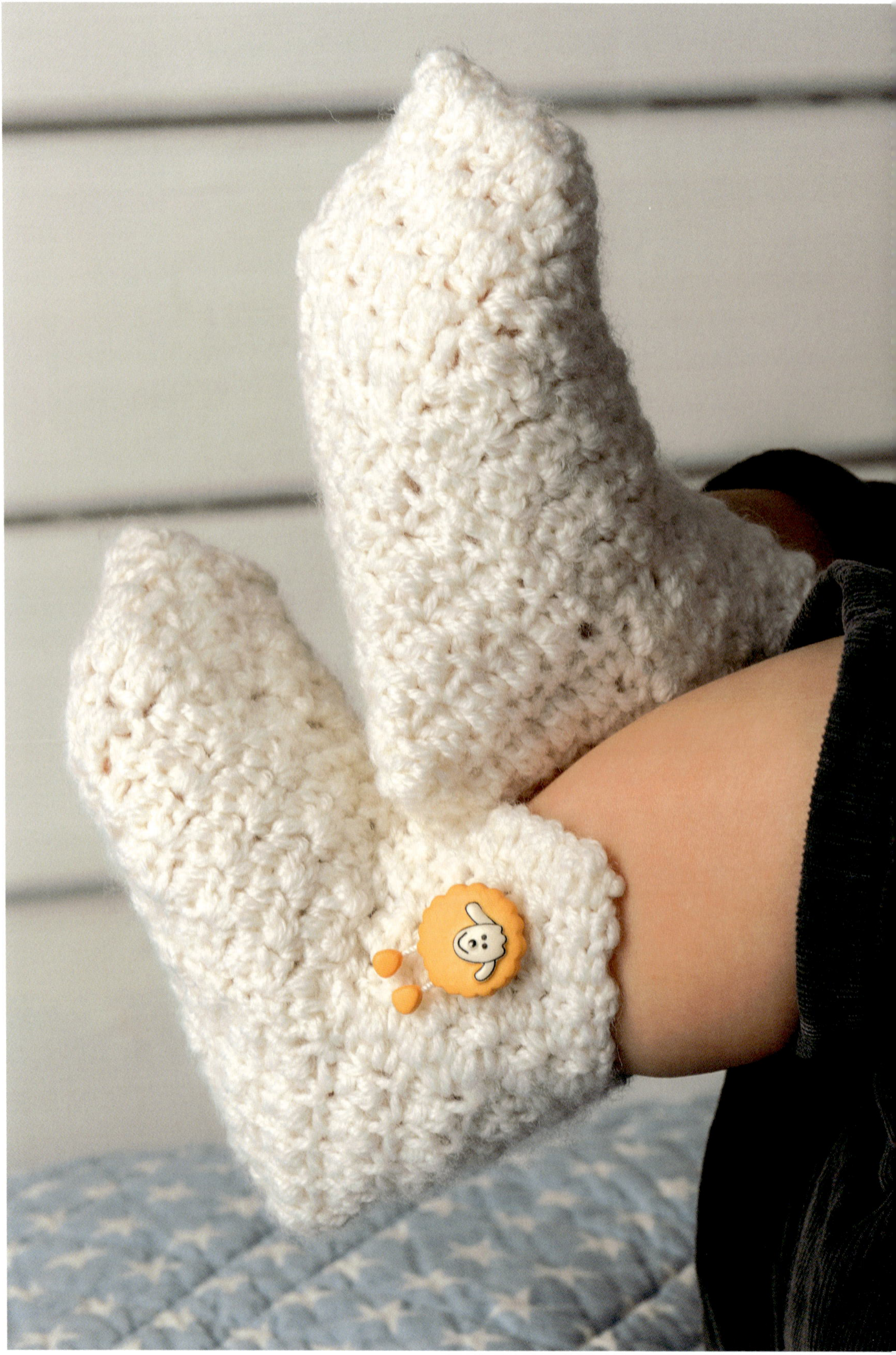

# Die Allerkleinsten

Größe: 21/22 (25/26) 27/28

## MATERIAL

- Woolly Hugs CHARITY (75 % Wolle, 15 % Polyamid, 10 % Polylactid, Lauflänge ca. 100 m/50 g) von L&K (VeronikaHug.com): je 50 g Weiß – Farbe 01 (Hellblau – Farbe 56) Azalee – Farbe 43
- jeweils 2 (2) 4 passende Motivknöpfe
- 1 Häkelnadel Nr. 3

### Muster

**Strukturmuster:** Ungerader Maschenanschlag. Nach der Häkelschrift arbeiten. Mit den Maschen vor dem Mustersatz (= MS) beginnen, den MS stets wiederholen, enden mit den Maschen nach dem MS. Die 1.–4. Reihe 1 x arbeiten, danach die 3. und 4. Reihe stets wiederholen.

### Maschenprobe im Strukturmuster

1 Quadrat mit 11 (13) 15 Maschen und 8 (9) 10 Reihen = 4,5 x 4,5 (5,5 x 5,5) 6 x 6 cm

## SO WIRD'S GEMACHT

Für das 1. Quadrat 11 (13) 15 Luftmaschen + 1 Wende-Luftmasche in Weiß (Hellblau) Azalee anschlagen und 8 (9) 10 Reihen im Strukturmuster häkeln. Anschließend für das 2.–6. Quadrat jeweils die gleiche Anzahl Reihen im Struk-

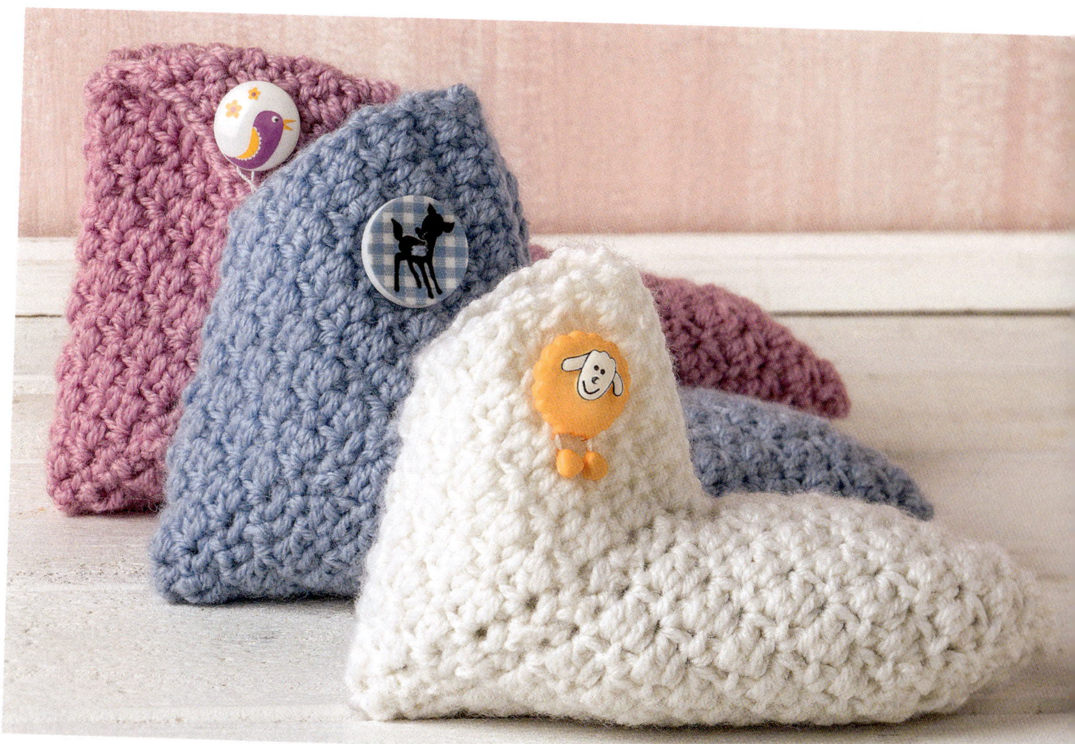

turmuster häkeln. Das 7. Quadrat im Strukturmuster direkt auf die linke Seite des 6. Quadrates häkeln. Dabei für die 1. Reihe jeweils 1 feste Masche in die 1. Ecke des 6. Quadrates, 1 Luftmasche, in jede 2. Randmasche 1 feste Masche und 1 Luftmasche arbeiten und mit 1 festen Masche in die 2. Ecke enden = 11 (13) 15 Maschen = 1. Reihe. Anschließend noch 7 (8) 9 Reihen im Strukturmuster häkeln und enden. An der rechten Seite des 2. Quadrates auf die gleiche Weise das 8. Quadrat anhäkeln.

**Fertigstellung:** Die Quadrate laut Workshop auf Seite 6–9 zusammennähen. Bei den weißen und hellblauen Puschen jeweils auf Quadrat 1 einen Knopf nähen. Bei den Puschen in Azalee die oberen Ecken von Quadrat 1 und 8 nach außen umschlagen und jeweils mit einem Knopf fixieren.

### Häkelschrift

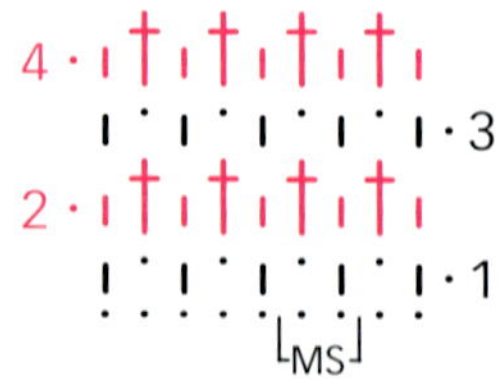


### Zeichenerklärung

· = 1 Luftmasche

I = 1 feste Masche

† = 1 Stäbchen

MS = Mustersatz

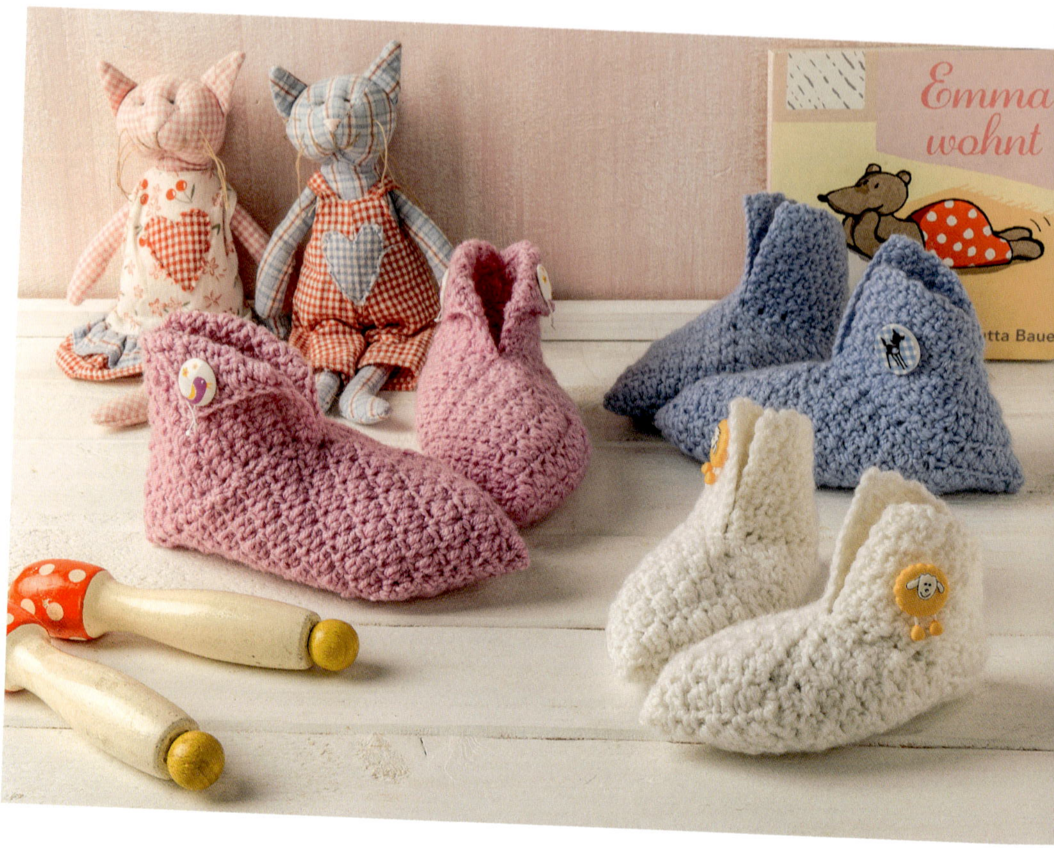

# Farbenspiele

Größe: 27/28

## MATERIAL

- Woolly Hugs CHARITY (75 % Wolle, 15 % Polyamid, 10 % Polylactid, Lauflänge ca. 100 m/50 g) von L&K (VeronikaHug.com): 50 g Gelb – Farbe 22 (je 50 g Cyclam – Farbe 37 und Rosa – Farbe 33)
- Wollreste in Hellbraun, Dunkelgrün und Weiß (Weiß, Hellgrün, Azalee, Hellblau, Rot und Schwarz)
- 1 Häkelnadel Nr. 3

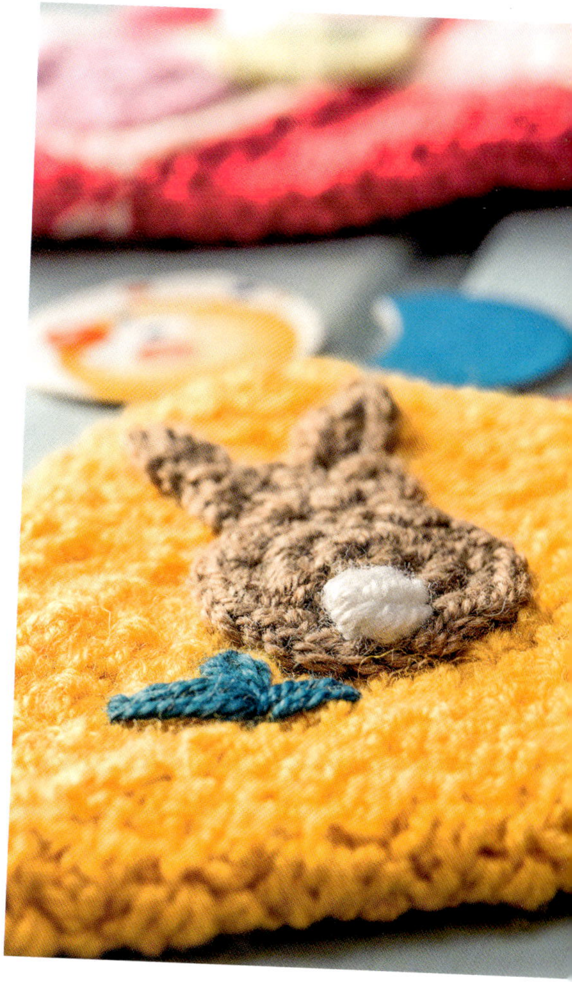

### Muster

**Strukturmuster:** Ungerader Maschenanschlag. Nach der Häkelschrift zu den Baby-Puschen von Seite 28 arbeiten. Mit den Maschen vor dem Mustersatz (= MS) beginnen, den MS stets wiederholen, enden mit den Maschen nach dem MS. Die 1.–4. Reihe 1 x arbeiten, danach die 3. und 4. Reihe stets wiederholen.

**Farbfolge Puschen mit Raupe:** * 10 Reihen Cyclam, 10 Reihen Rosa, ab * 1 x wiederholen, ** 10 Reihen Rosa, 10 Reihen Cyclam, ab ** 1 x wiederholen.

**Hase (2 x arbeiten):** 1 Fadenring in Hellbraun legen und mit festen Maschen in Runden weiterarbeiten. Jede Runde beginnt mit 1 zusätzlichen Anfangs-Luftmasche und endet mit 1 Kettmasche in die 1. feste Masche der Runde. **1. Runde:** 8 feste Maschen in den Ring arbeiten. **2. Runde:** jede Masche verdoppeln = 16 Maschen. **3. Runde:** jede 2. Masche verdoppeln = 24 Maschen. Nun den Kopf wie folgt häkeln: 2 Luftmaschen, in die folgende Masche 1 Stäbchen und 1 Doppelstäbchen arbeiten, für das 1. Ohr 5 Luftmaschen und 1 Wende-Luftmasche häkeln und mit 1 Kettmasche, 1 festen Masche, 2 halben Stäbchen und 1 Kettmasche zurückhäkeln; 2 Doppelstäbchen, das 2. Ohr wie beschrieben arbeiten, 1 Doppelstäbchen, 1 Stäbchen, 2 Luftmaschen, enden mit 1 Kettmasche in die Einstichstelle des vorherigen Stäbchens. Für das Schwänzchen 3 Luftmaschen in Weiß anschlagen und 3 zusammen abgemaschte Stäbchen in die 1. Luftmasche arbeiten. Schwänzchen laut Foto auf das Häschen nähen.

**Raupe (2 x arbeiten):** 4 Luftmaschen in Weiß anschlagen und mit 1 Kettmasche zur Runde schließen. Nach der Häkelschrift in Runden weiterarbeiten. Jede Runde beginnt mit Anfangs-Luftmaschen wie gezeichnet und endet mit 1 Kettmasche in die letzte Anfangs-Luftmasche bzw. 1. feste Masche der Runde. Die 1.–3. Runde 1 x arbeiten, dabei in der 3. Runde die Fühler den Pfeilen folgend häkeln. Den Mund mit Steppstichen in Rot und die Augen mit Spannstichen in Schwarz laut Foto aufsticken. Für die Körperglieder der Raupe je 1 Scheibe in Weiß, Hellgrün, Azalee und Hellblau wie folgt arbeiten: 4 Luftmaschen anschlagen und mit 1 Kettmasche zur Runde schließen. **1. Runde:** 3 Luftmaschen als Ersatz für das 1. Stäbchen, 11 Stäbchen in den Ring arbeiten. Die Runde mit 1 Kettmasche in die 3. Ersatz-Luftmasche schließen. **2. Runde:** 1 Anfangs-Luftmasche, feste Maschen häkeln, dabei jede 2. Masche der Vorrunde verdoppeln. Die Runde mit 1 Kettmasche in die 1. feste Masche der Runde schließen.

### Maschenprobe im Strukturmuster mit Nadel Nr. 3

1 Quadrat mit 15 Maschen und 10 Reihen = 6 x 6 cm

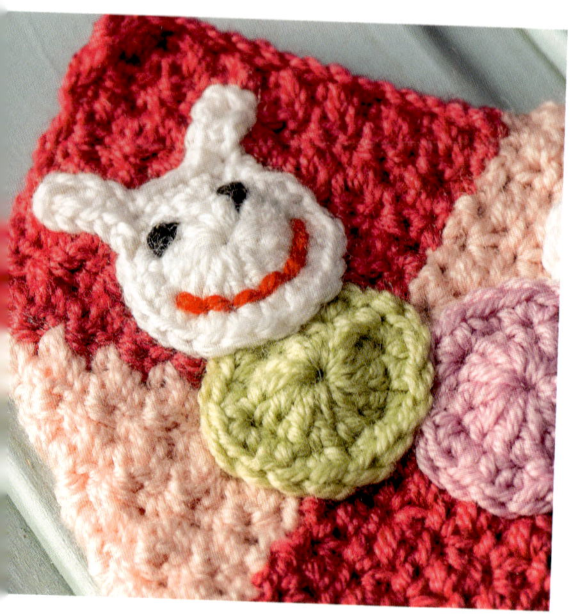

## SO WIRD'S GEMACHT

Für das 1. Quadrat 15 Luftmaschen + 1 Wende-Luftmasche in Gelb (Cyclam) anschlagen und 10 Reihen im Strukturmuster häkeln. Anschließend in Gelb (in der Farbfolge) für das 2.–6. Quadrat jeweils die gleiche Anzahl Reihen im Strukturmuster häkeln. Das 7. Quadrat im Strukturmuster in Gelb (Rosa) direkt auf die linke Seite des 6. Quadrates häkeln. Dabei für die 1. Reihe jeweils 1 feste Masche in die 1. Ecke des 6. Quadrates, 1 Luftmasche, in jede 2. Randmasche 1 feste Masche und 1 Luftmasche arbeiten und mit 1 festen Masche in die 2. Ecke enden = 15 Maschen. Anschließend noch 9 Reihen im Strukturmuster häkeln und enden. An der rechten Seite des 2. Quadrates auf die gleiche Weise das 8. Quadrat in Gelb (Cyclam) anhäkeln.

**Fertigstellung:** Die Quadrate laut Workshop auf Seite 6–9 zusammennähen. Bei den gelben Puschen auf die Außenseiten die Häschen laut Foto aufnähen und einige Blättchen mit Margeritenstichen in Dunkelgrün aufsticken. Bei den Raupen-Puschen jeweils die Motive laut Foto anordnen (gegengleich) und aufnähen.

### Häkelschrift

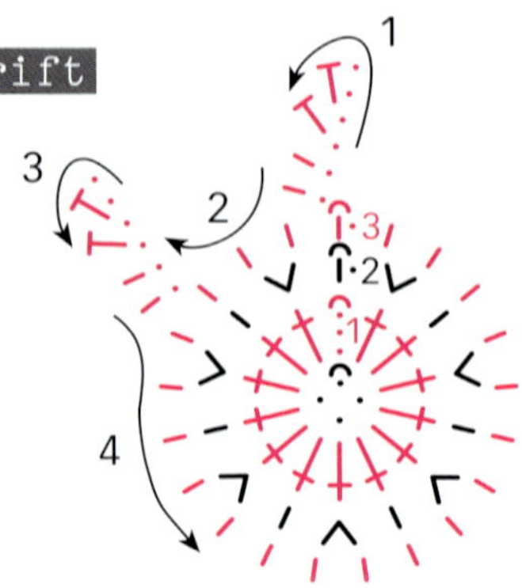


### Zeichenerklärung

- · = 1 Luftmasche
- ⌒ = 1 Kettmasche
- I = 1 feste Masche
- V = 2 feste Maschen in 1 Einstichstelle
- T = 1 halbes Stäbchen
- † = 1 Stäbchen

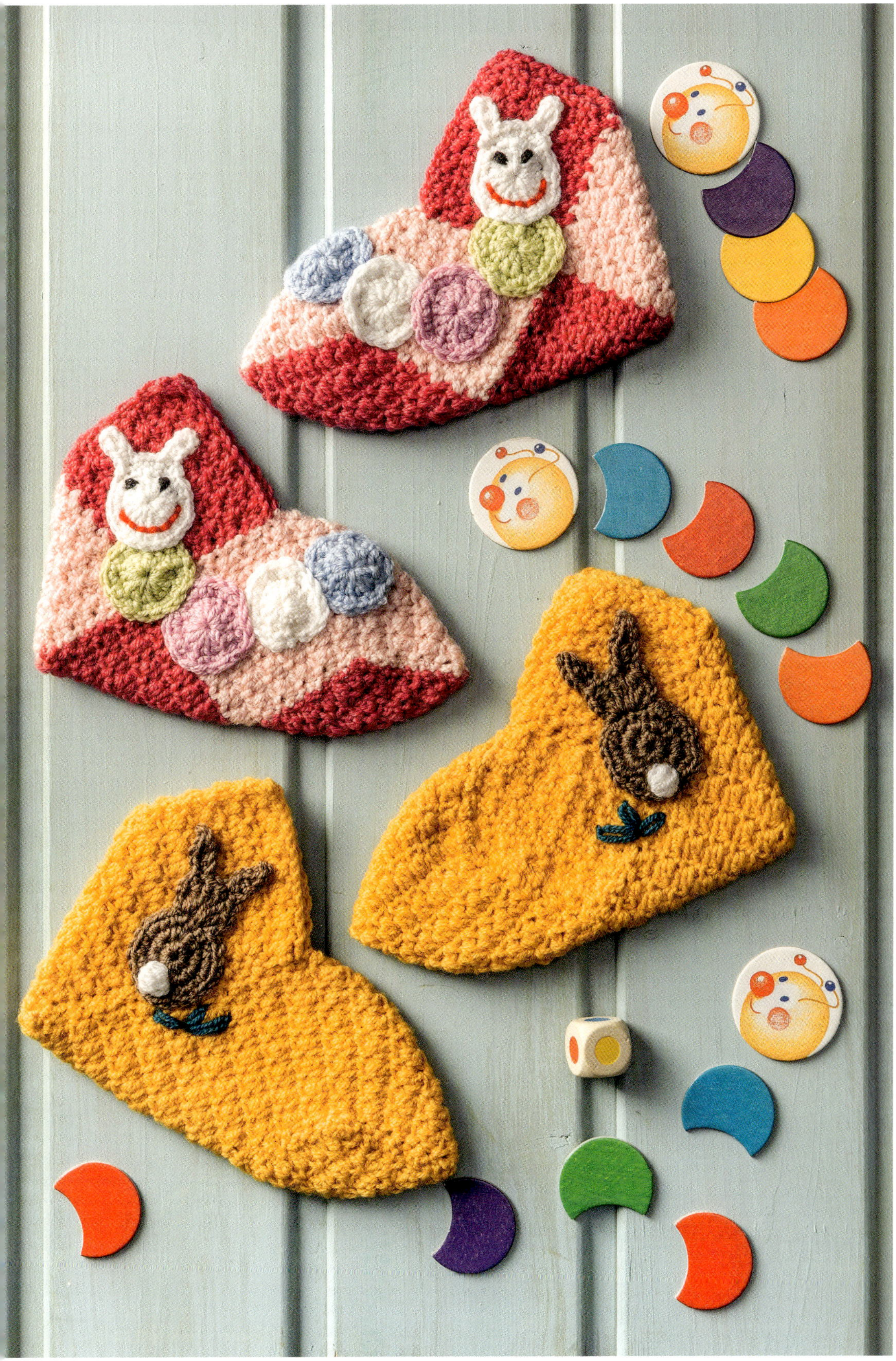

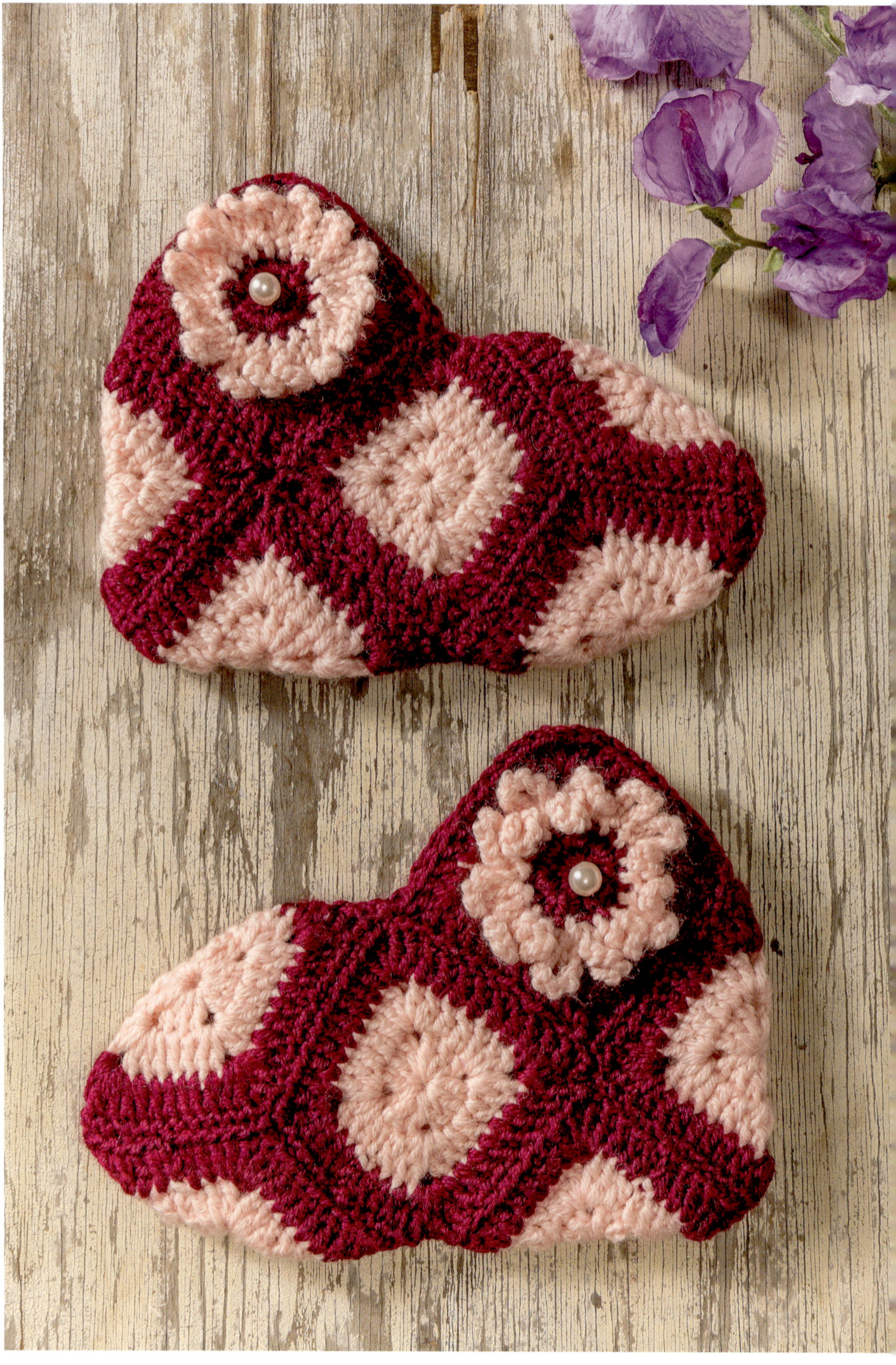

# Kleine Prinzessin

Größe: 27/28

## MATERIAL

- Woolly Hugs CHARITY (75 % Wolle, 15 % Polyamid, 10 % Polylactid, Lauflänge ca. 100 m/50 g) von L&K (VeronikaHug.com): je 50 g Fuchsia – Farbe 47 und Rosa – Farbe 33
- 2 Perlen
- 1 Häkelnadel Nr. 3

### Muster

**Granny-Quadrat:** 4 Luftmaschen anschlagen und mit 1 Kettmasche zur Runde schließen. Nach der Häkelschrift in Runden weiterarbeiten, dabei beginnt jede Runde mit 3 Anfangs-Luftmaschen als Ersatz für das 1. Stäbchen und endet mit 1 Kettmasche in die letzte Anfangs-Luftmasche. Die 1.–3. Runde 1 x arbeiten, dabei den Farbwechsel beachten.
**Farbfolge:** 2 Runden Rosa, 1 Runde Fuchsia.
**Blüte:** 4 Luftmaschen anschlagen und mit 1 Kettmasche zur Runde schließen. Anschließend mit festen Maschen in Runden weiterarbeiten. Jede Runde beginnt mit 1 zusätzlichen Anfangs-Luftmasche und endet mit 1 Kettmasche in die 1. feste Masche der Runde.
**1. Runde:** 8 feste Maschen in den Ring arbeiten. **2. Runde:** jede Masche verdoppeln = 16 Maschen. **3. Runde:** * 1 Kettmasche, 9 Luftmaschen, ab * stets wiederholen, enden mit 1 Kettmasche in die 1. Kettmasche der Runde.

### Maschenprobe

1 Quadrat über 3 Runden = 6 x 6 cm

## SO WIRD'S GEMACHT

8 Quadrate in Farbfolge arbeiten. Zwei Blüten häkeln, dabei die 1. und 2. Runde in Fuchsia, die 3. Runde in Rosa arbeiten.

**Fertigstellung:** Laut Workshop auf Seite 6–9 die Quadrate zunächst zu einem Streifen zusammennähen, dann die seitlichen Quadrate annähen. Anschließend die Puschen zusammennähen. Jeweils 1 Blüte so auf Quadrat 1 bzw. 8 nähen, dass die Blütenblätter frei bleiben. In die Mitte der Blüten je 1 Perle nähen.

### Häkelschrift

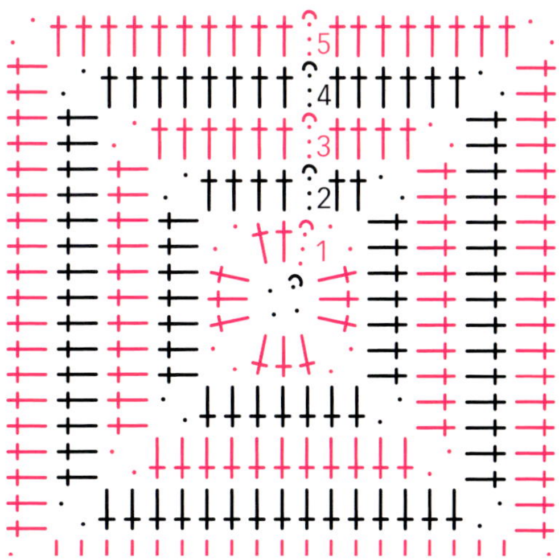


### Zeichenerklärung

- · = 1 Luftmasche
- ᴖ = 1 Kettmasche
- † = 1 Stäbchen

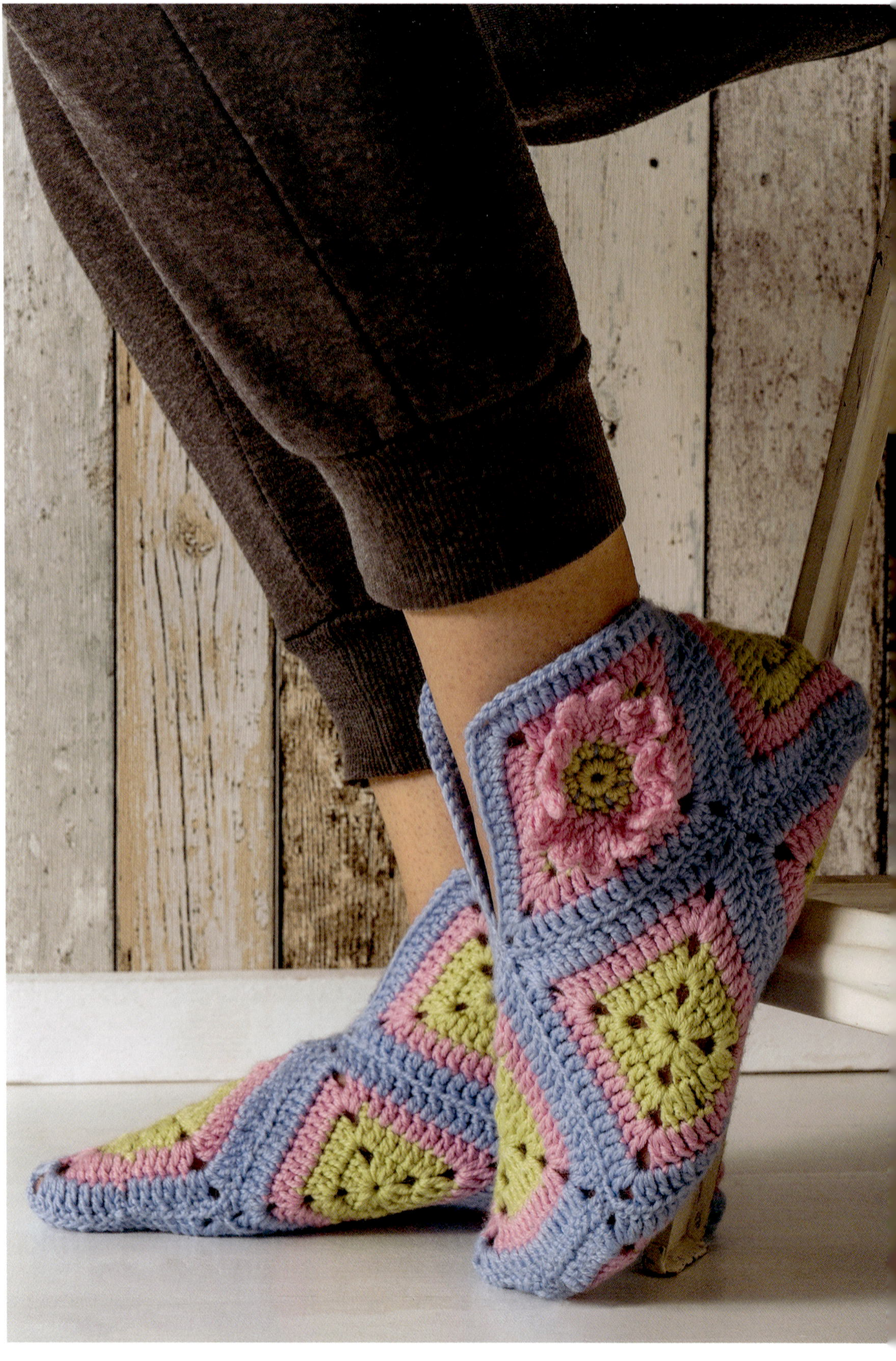

# Sweet Granny

Größe: 35/36

## MATERIAL

- Woolly Hugs CHARITY (75 % Wolle, 15 % Polyamid, 10 % Polylactid, Lauflänge ca. 100 m/50 g) von L&K (VeronikaHug.com): je 50 g Kiwi – Farbe 47, Azalee – Farbe 43 und Hellblau – Farbe 63
- 1 Häkelnadel Nr. 3

### Muster

**Granny-Quadrat:** Siehe Modell „Kleine Prinzessin" von Seite 34. Die 1.–4. Runde 1 x arbeiten, dabei den Farbwechsel beachten.
**Farbfolge:** 2 Runden Kiwi, je 1 Runde Azalee und Hellblau.
**Blüte:** Siehe Modell „Kleine Prinzessin" von Seite 34.

### Maschenprobe

1 Quadrat über 4 Runden = 8 x 8 cm

## SO WIRD'S GEMACHT

8 Quadrate in Farbfolge arbeiten. Zwei Blüten häkeln, dabei die 1. und 2. Runde in Kiwi, die 3. Runde in Azalee arbeiten.

**Fertigstellung:** Siehe Modell „Kleine Prinzessin" von Seite 34.

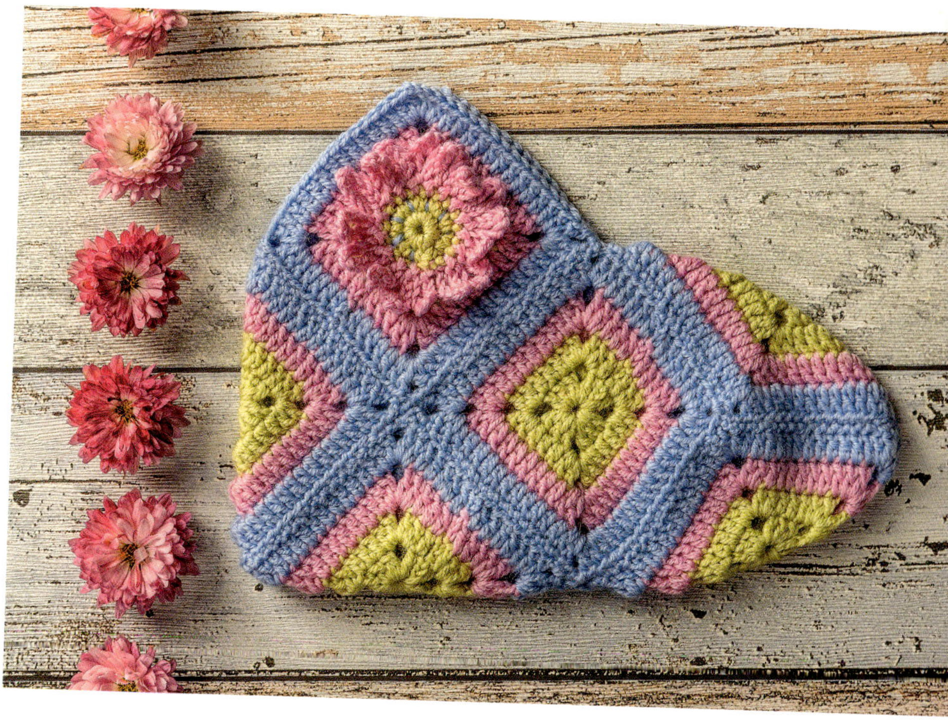

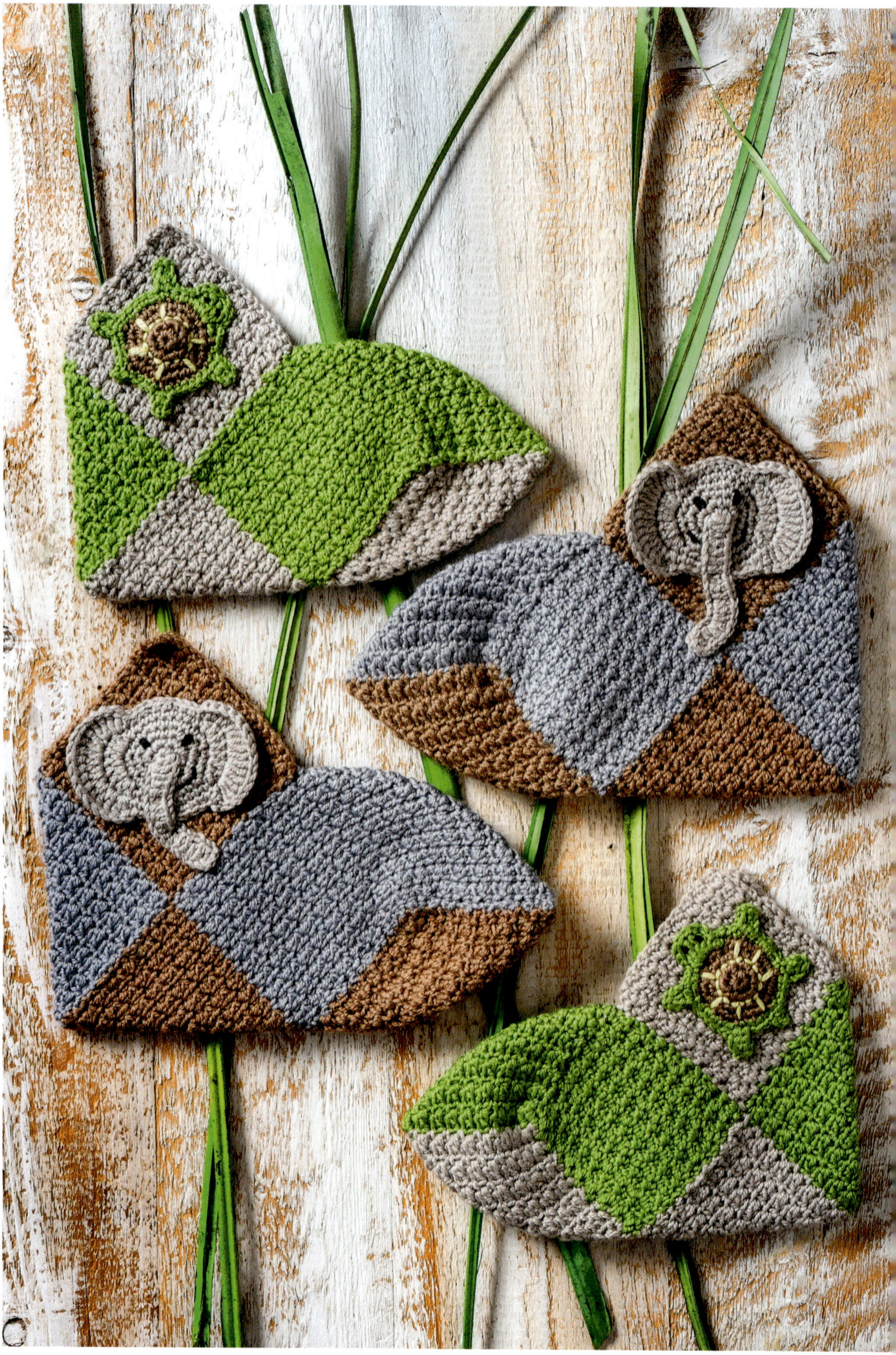

# Wilde Safari

Größe: 37/38 (41/42)

## MATERIAL

- Woolly Hugs CHARITY (75 % Wolle, 15 % Polyamid, 10 % Polylactid, Lauflänge ca. 100 m/50 g) von L&K (VeronikaHug.com): je 50 g Sand – Farbe 10 und Apfel – Farbe 75 (je 100 g Camel – Farbe 08 und Stein – Farbe 90)
- Wollreste in Hellgrün, Camel und Schwarz (Sand und Schwarz)
- 1 Häkelnadel Nr. 3

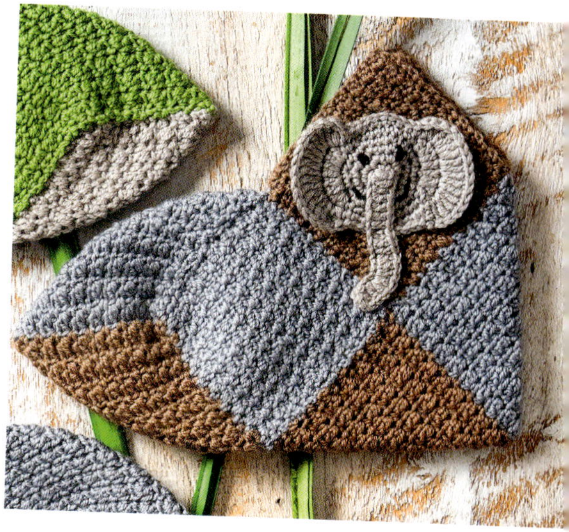

### Muster

**Strukturmuster:** Ungerader Maschenanschlag. Nach der Häkelschrift zu den Baby-Puschen von Seite 28 arbeiten. Mit den Maschen vor dem Mustersatz (= MS) beginnen, den MS stets wiederholen, enden mit den Maschen nach dem MS. Die 1.–4. Reihe 1 x arbeiten, danach die 3. und 4. Reihe stets wiederholen.

**Farbfolge 1:** * 14 Reihen Sand, 14 Reihen Apfel, ab * 1 x wiederholen, ** 14 Reihen Apfel, 14 Reihen Sand, ab ** 1 x wiederholen.

**Farbfolge 2:** * 16 Reihen Camel, 16 Reihen Stein, ab * 1 x wiederholen, ** 16 Reihen Stein, 16 Reihen Camel, ab ** 1 x wiederholen.

**Schildkröte (2 x arbeiten):** 4 Luftmaschen in Camel anschlagen und mit 1 Kettmasche zur Runde schließen. Anschließend mit festen Maschen in Spiralrunden weiterarbeiten, dabei den Rundenanfang markieren. **1. Runde:** 7 feste Maschen in den Ring arbeiten. **2. Runde:** jede Masche verdoppeln = 14 Maschen. **3. Runde:** jede 2. Masche verdoppeln = 21 Maschen. **4. Runde:** 6 x jede 3. Masche verdoppeln = 27 Maschen. Die Runde mit 1 Kettmasche schließen und in Hellgrün weiterarbeiten. **5. Runde:** 1 Anfangs-Luftmasche, 1 feste Masche, für den Kopf 2 Luftmaschen, 4 Doppelstäbchen in die folgende Einstichstelle, 2 Luftmaschen, 3 feste Maschen, für das 1. Bein * 6 Luftmaschen, je 1 halbes Stäbchen auf die 4., 5. und 6. Luftmasche von der Nadel aus *, 6 feste Maschen; für das 2. Bein von * – * wiederholen, 4 feste Maschen; für den Schwanz 4 Luftmaschen, je 1 feste Masche in die 2., 3. und 4. Luftmasche von der Nadel aus, 4 feste Maschen; für das 3. Bein von * – * wiederholen, 6 feste Maschen; für das 4. Bein von * – * wiederholen, 2 feste Maschen und die Runde mit 1 Kettmasche schließen. Die Augen in Schwarz und die Panzerstruktur in Hellgrün mit Spann- und Steppstichen laut Foto aufsticken.

**Elefant (2 x arbeiten):** 4 Luftmaschen in Hellgrau anschlagen und mit 1 Kettmasche zur Runde schließen. Anschließend mit festen Maschen in Spiralrunden weiterarbeiten, dabei den Rundenanfang markieren. **1. Runde:** 7 feste Maschen in den Ring arbeiten. **2. Runde:** jede Masche verdoppeln =

14 Maschen. **3. Runde:** jede 2. Masche verdoppeln = 21 Maschen. **4. Runde:** jede 3. Masche verdoppeln = 28 Maschen. **5. Runde:** 4 x je 2 Stäbchen in 1 Einstichstelle, 10 feste Maschen, 4 x je 2 Stäbchen in 1 Einstichstelle, 10 feste Maschen = 36 Maschen. **6. Runde:** 8 x je 2 Doppelstäbchen in 1 Einstichstelle, 10 feste Maschen, 8 x je 2 Doppelstäbchen in 1 Einstichstelle, 10 feste Maschen = 52 Maschen. Die Runde mit 1 Kettmasche schließen. Für den Rüssel 17 Luftmaschen in Hellgrau anschlagen und 1 Reihe wie folgt häkeln: 3 Anfangs-Luftmaschen als Ersatz für das 1. Stäbchen, 15 Stäbchen, 2 Doppelstäbchen. Den Rüssel mit dem breiten Ende auf das Gesicht nähen. Mund und Augen mit Stepp- und Spannstichen in Schwarz laut Foto aufsticken.

### Maschenprobe im Strukturmuster

1 Quadrat mit 19 (21) Maschen und 14 (16) Reihen = 8,5 x 8,5 (9,5 x 9,5) cm

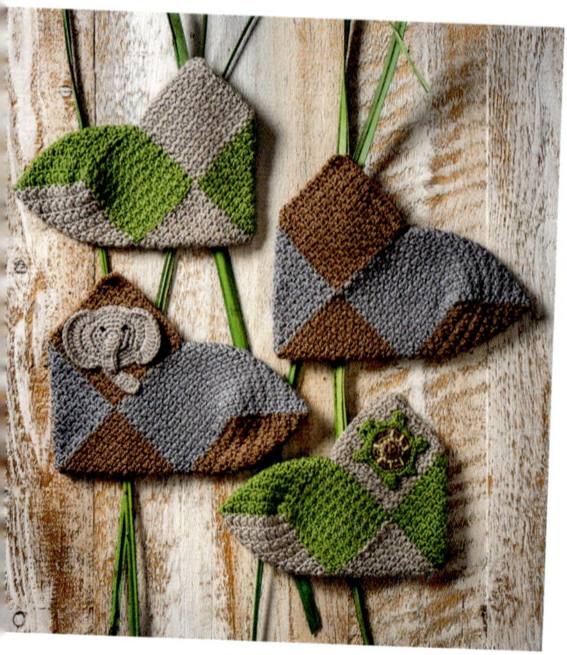

## SO WIRD'S GEMACHT

Für das 1. Quadrat 19 (21) Luftmaschen + 1 Wende-Luftmasche in Sand (Camel) anschlagen und 14 (16) Reihen im Strukturmuster laut Farbfolge 1 (2) häkeln = Quadrat 1–6. Das 7. Quadrat in Apfel (Stein) im Strukturmuster direkt auf die linke Seite des 6. Quadrates häkeln. Dabei für die 1. Reihe jeweils 1 feste Masche in die 1. Ecke des 6. Quadrates, 1 Luftmasche, in jede 2. Randmasche 1 feste Masche und 1 Luftmasche arbeiten und mit 1 festen Masche in die 2. Ecke enden = 19 (21) Maschen = 1. Reihe. Anschließend noch 13 (15) Reihen im Strukturmuster häkeln und enden. An der rechten Seite des 2. Quadrates auf die gleiche Weise das 8. Quadrat in Sand (Camel) anhäkeln.

**Fertigstellung:** Die Quadrate laut Workshop auf Seite 6–9 zusammennähen. Die Tiermotive laut Foto anordnen und aufnähen, dabei beim Elefantenkopf die Ohren und den Rüssel frei hängen lassen und den Rüssel in Form gelegt punktuell fixieren.

# Festtags-Puschen

Größe: 37/38 (41/42)

## MATERIAL

- Woolly Hugs CHARITY (75 % Wolle, 15 % Polyamid, 10 % Polylactid, Lauflänge ca. 100 m/50 g) von L&K (VeronikaHug.com): 100 g Tanne – Farbe 78 und je 50 g Rot – Farbe 30 und Weiß – Farbe 01 (je 100 g Terra – Farbe 28, je 50 g Tanne – Farbe 78, Rot – Farbe 30 und Weiß – Farbe 01)
- 2 Knöpfe Motiv Lebkuchenmann (Lebkuchenstern)
- 1 Häkelnadel Nr. 2,5 und 3 (3)

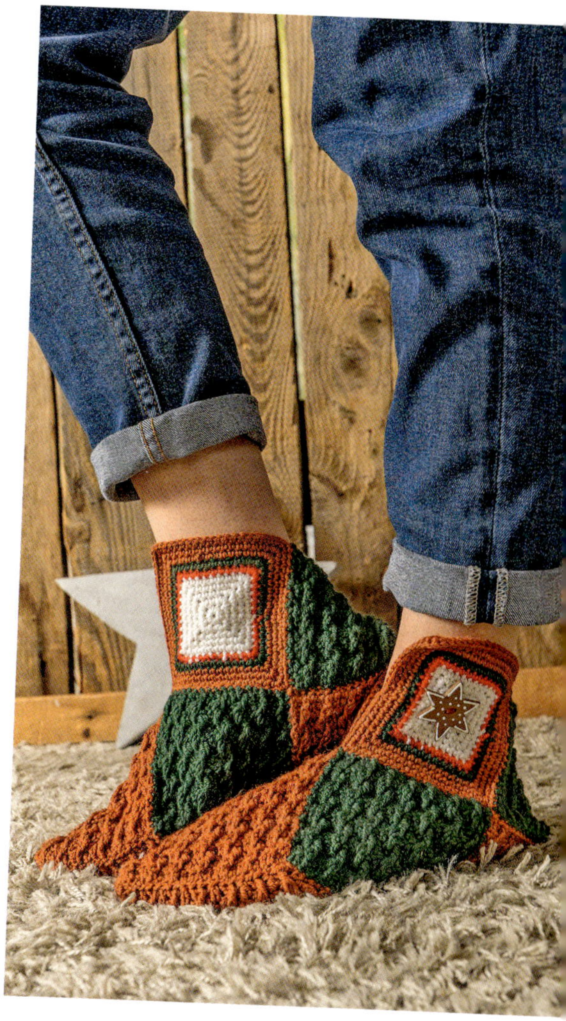

### Muster

**Quadrat mit Nadel Nr. 3:** 1 Fadenring legen und nach der Häkelschrift zu Modell „Kunterbunt" von Seite 17 in Runden arbeiten, dabei beginnt jede Runde mit 1 zusätzlichen Anfangs-Luftmasche und endet mit 1 Kettmasche in die 1. feste Masche der Runde. Die 1.–8. (10.) Runde 1 x arbeiten.

**Farbfolge A:** 5 Runden Weiß, 1 Runde Tanne, 2 Runden Rot.

**Farbfolge B:** 5 Runden Weiß, 1 Runde Rot, 1 Runde Tanne, 3 Runden Terra.

**Zopfmuster mit Nadel Nr. 2,5 (3):** Maschenanschlag teilbar durch 3 + 1. Nach der Häkelschrift arbeiten. Mit den Maschen vor dem Mustersatz (= MS) beginnen, den MS stets wiederholen, enden mit den Maschen nach dem MS. Das Muster beginnt mit 1 Rückreihe. Die 1.–5. Reihe 1 x arbeiten, danach die 4. und 5. Reihe stets wiederholen.

#### Maschenprobe

1 Quadrat über 8 (10) Runden = 8,5 x 8,5 (9,5 x 9,5 cm); 1 Zopfmusterquadrat über 20 Maschen und 9 Reihen mit Nadel Nr. 2,5 = 8,5 x 8,5 cm; (1 Zopfmusterquadrat über 23 Maschen und 9 Reihen mit Nadel Nr. 3 = 9,5 x 9,5 cm)

## SO WIRD'S GEMACHT

**Für Größe 37/38:** 8 Quadrate wie folgt häkeln: 2 Quadrate Farbfolge A (= Nr. 1 und 8), je 3 Zopfmusterquadrate in Rot (= Nr. 2, 4 und 7) und Tanne (= Nr. 3, 5 und 6).
**Für Größe 41/42:** 2 Quadrate Farbfolge B (= Nr. 1 und 8), 3 Zopfmusterquadrate in Tanne (= Nr. 2, 4 und 7) und 3 Zopfmusterquadrate in Terra (= Nr. 3, 5 und 6).

**Fertigstellung:** Die Quadrate laut Workshop auf Seite 6–9 zusammennähen, dabei die Quadrate entsprechend der Nummerierung aneinanderreihen. Beidseitig je 1 Lebkuchenmann-(Lebkuchenstern-)Knopf auf das obere äußere Quadrat nähen.

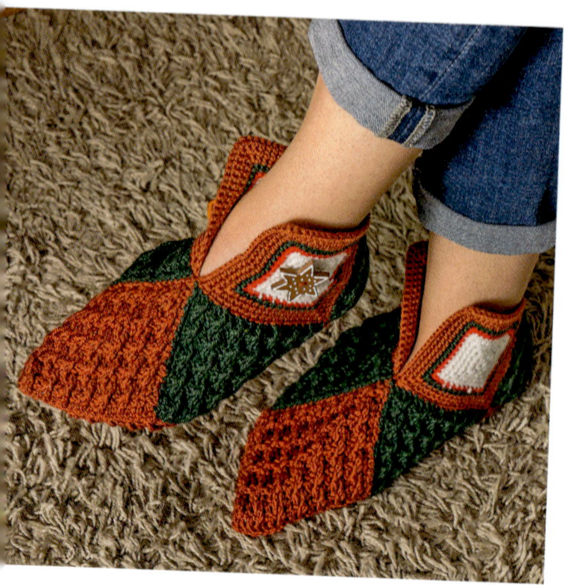

#### Häkelschrift

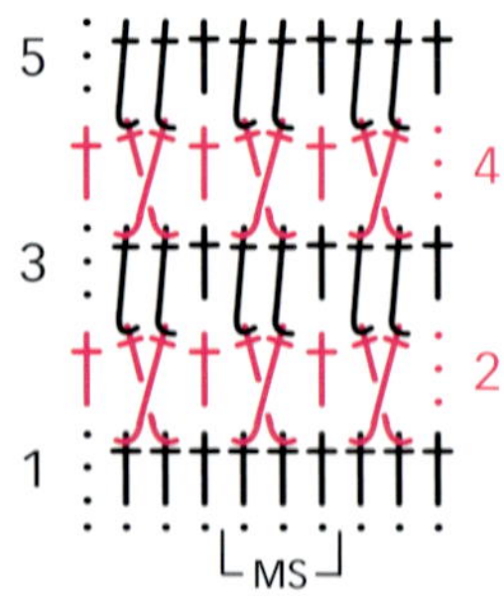


#### Zeichenerklärung

· = 1 Luftmasche
† = 1 Stäbchen
(Symbol) = 1 Reliefstäbchen von hinten
(Symbol) = 2 verkreuzte Reliefstäbchen: 1 Stäbchen der Vorreihe übergehen, 1 Reliefstäbchen von vorn, 1 Reliefstäbchen von hinten zurück um das übergangene Stäbchen der Vorreihe herum arbeiten

MS = Mustersatz

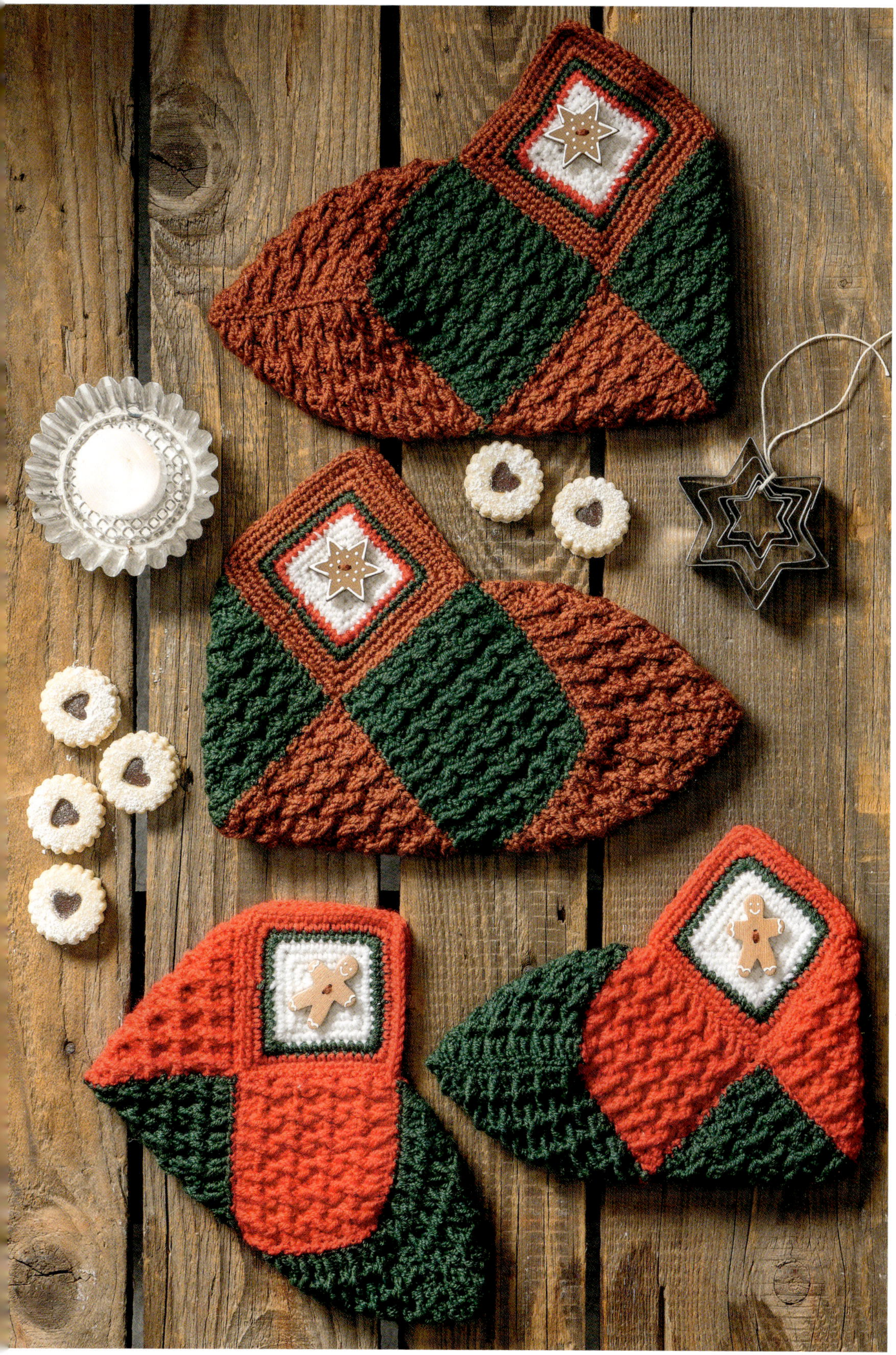

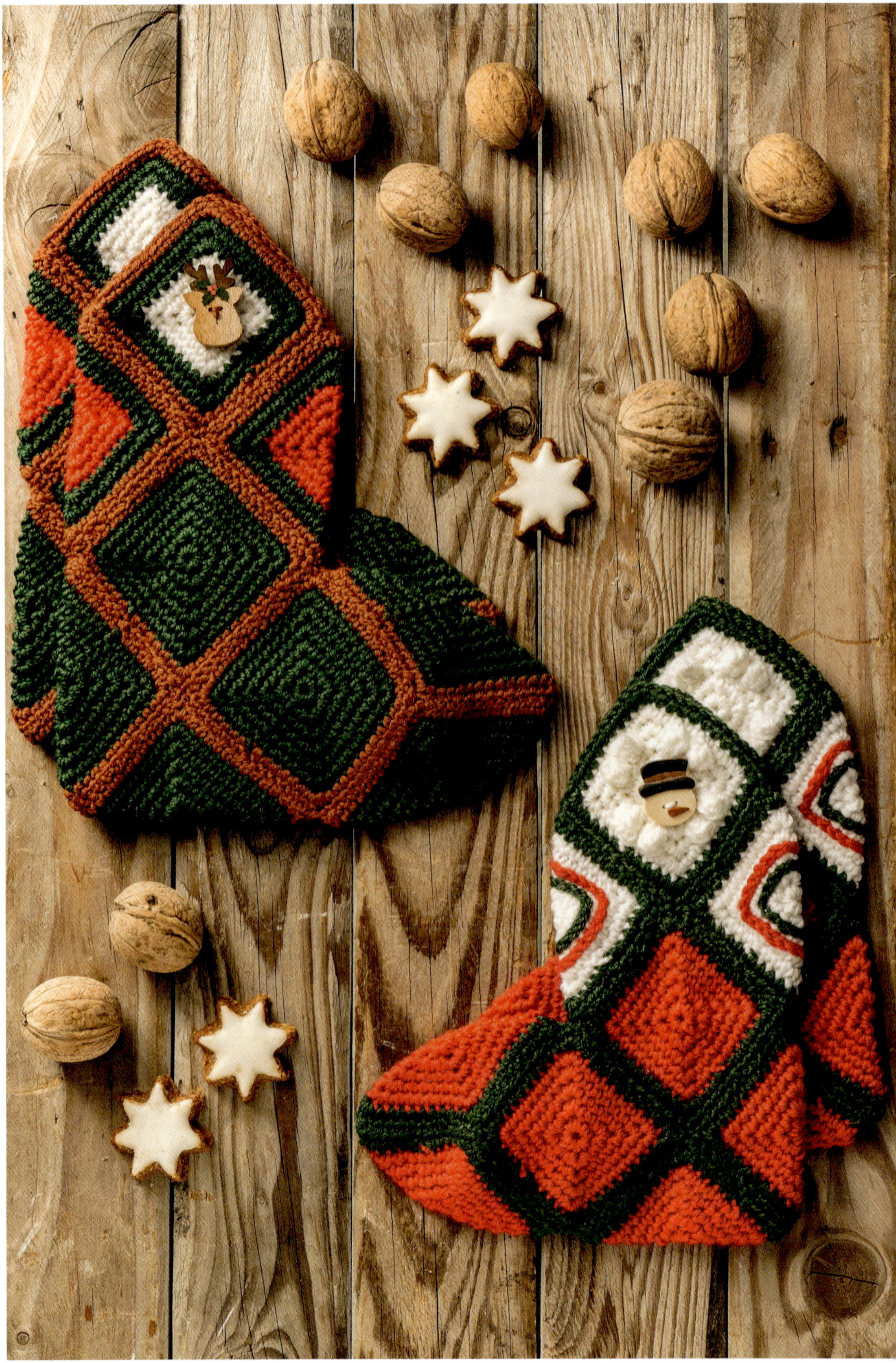

# Nikolaus

Größe: 29/30 (31/32)

## MATERIAL

- Woolly Hugs CHARITY (75 % Wolle, 15 % Polyamid, 10 % Polylactid, Lauflänge ca. 100 m/50 g) von L&K (VeronikaHug.com): 100 g Rot – Farbe 30 und je 50 g Tanne – Farbe 78 und Weiß – Farbe 01 (100 g Tanne – Farbe 78 und je 50 g Rot – Farbe 30, Terra – Farbe 28 und Weiß – Farbe 01)
- 2 Knöpfe Motiv Schneemann (Rentier)
- 1 Häkelnadel Nr. 3

### Muster

**Quadrat mit Nadel Nr. 3:** 1 Fadenring legen und nach der Häkelschrift zu Modell „Kunterbunt" von Seite 17 in Runden arbeiten, dabei beginnt jede Runde mit 1 zusätzlichen Anfangs-Luftmasche und endet mit 1 Kettmasche in die 1. feste Masche der Runde. Die 1.–6. (7.) Runde 1 x arbeiten.

**Noppenquadrat:** Wie das Quadrat arbeiten, dabei in der 4. Runde jeweils die 2. Masche vor und nach der Ecke durch eine Noppe (= 3 zusammen abgemaschte Stäbchen in 1 Einstichstelle) ersetzen.

**Farbfolge A:** 5 Runden Weiß, 1 Runde Tanne.

**Farbfolge B:** 5 Runden Rot, 1 Runde Tanne.

**Farbfolge C:** 4 Runden Weiß, 2 Runden Tanne, 1 Runde Terra.

**Farbfolge D:** 4 Runden Rot, 2 Runden Tanne, 1 Runde Terra.

**Farbfolge E:** 6 Runden Tanne, 1 Runde Terra.

### Maschenprobe

1 Quadrat über 6 (7) Runden = 6,5 x 6,5 (7 x 7) cm

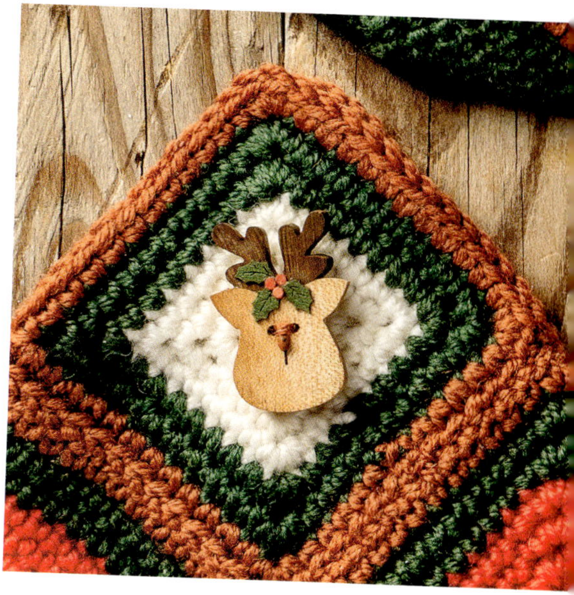

## SO WIRD'S GEMACHT

12 (12) Quadrate wie folgt häkeln: 2 Quadrate Farbfolge A, 2 Noppenquadrate Farbfolge A, 8 Quadrate Farbfolge B (2 Quadrate Farbfolge C, 2 Quadrate Farbfolge D, 8 Quadrate Farbfolge E).

**Fertigstellung:** Laut Workshop auf Seite 6–9 jeweils die 8 farbgleichen Quadrate zusammennähen. Die Quadrate in Farbfolge A (D) laut Foto an die Kanten der Quadrate 1 und 8 der Pusche nähen. An diese das Noppenquadrat (Quadrat in Farbfolge C) nähen. Je 1 Schneemann-(Rentier-)Knopf auf das obere äußere Quadrat nähen.

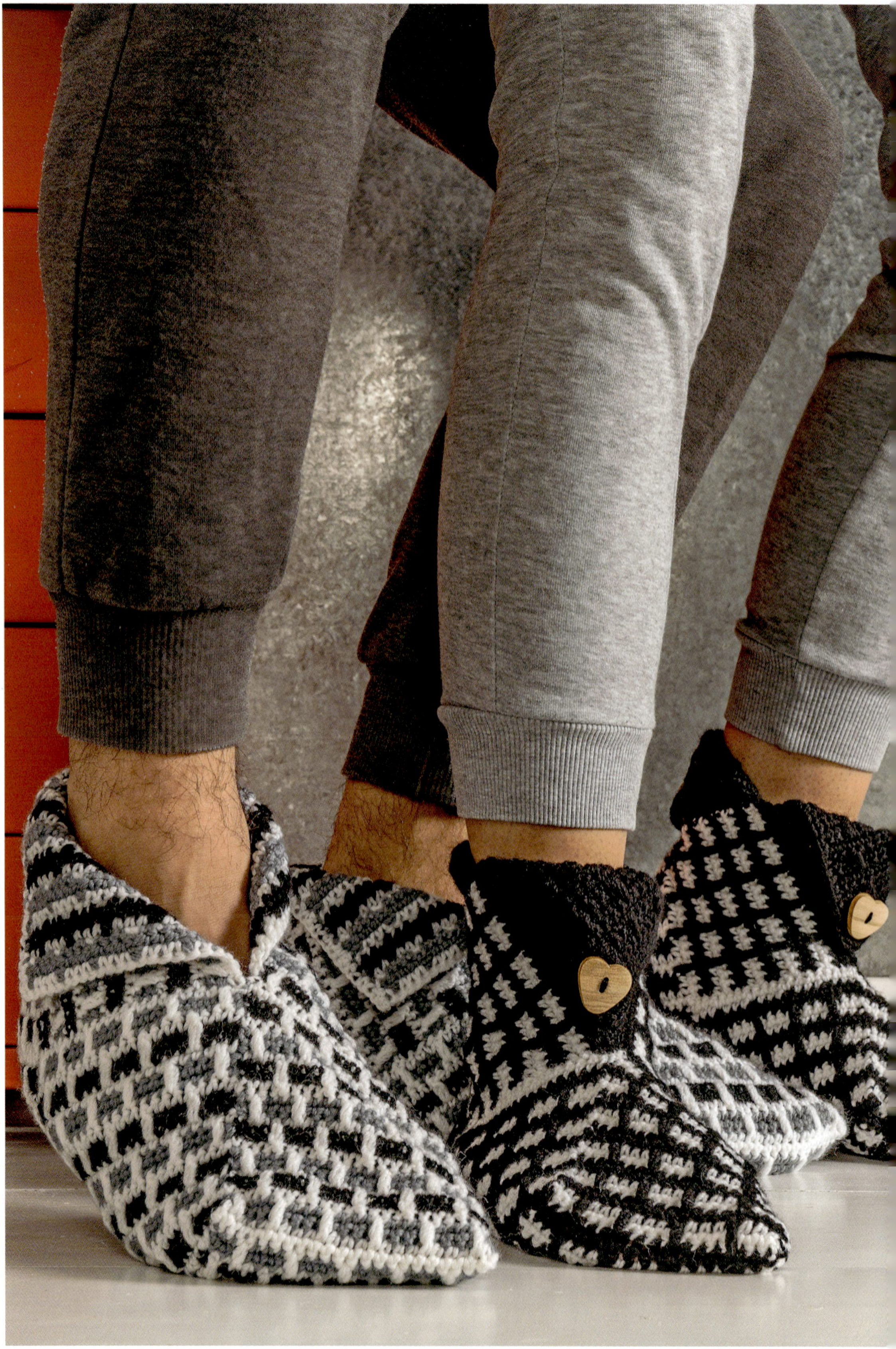

# Schwarz auf Weiß

Größe: 35/36 (39/40) 45/46

## MATERIAL

- Woolly Hugs CHARITY (75 % Wolle, 15 % Polyamid, 10 % Polylactid, Lauflänge ca. 100 m/50 g) von L&K (VeronikaHug.com): je 50 g Weiß – Farbe 01, Anthrazit – Farbe 99 und Stein Farbe 90 (je 100 g Schwarz – Farbe 99 und Weiß – Farbe 01) je 100 g Weiß – Farbe 01, Schwarz – Farbe 99 und Stein – Farbe 90
- für die schwarz-weißen Puschen 4 Herzknöpfe in Holzoptik
- 1 Häkelnadel Nr. 3
- ca. 10 Maschenmarkierer

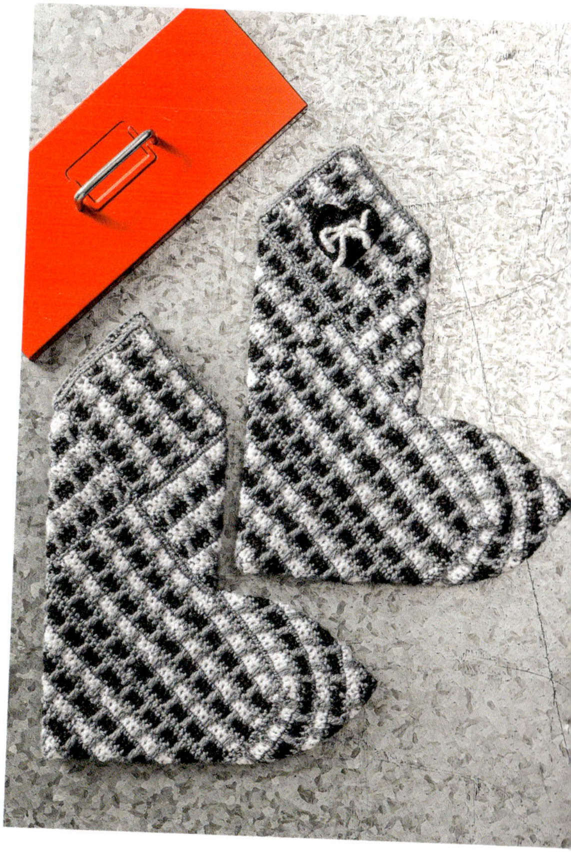

### Muster

**Hebemaschenmuster:** Maschenanschlag teilbar durch 4 + 3. Nach Häkelschrift 1 arbeiten. Mit den Maschen vor dem Mustersatz (= MS) beginnen, den MS stets wiederholen, enden mit den Maschen nach dem MS. Die 1.–9. Reihe 1 x arbeiten, danach die 4.–9. Reihe stets wiederholen, dabei den Farbwechsel beachten.
**Karomuster:** Maschenanschlag teilbar durch 4 + 3. Nach Häkelschrift 2 arbeiten. Mit den Maschen vor dem Mustersatz (= MS) beginnen, den MS stets wiederholen, enden mit den Maschen nach dem MS. Das Muster beginnt mit 1 Rückreihe. Die 1.–4. Reihe stets wiederholen, dabei den Farbwechsel beachten.
**Herz (2 x arbeiten):** 4 Luftmaschen in Schwarz anschlagen und mit 1 Kettmasche zur Runde schließen. **1. Runde:** 3 Luftmaschen, 4 Doppelstäbchen, 3 Stäbchen, 2 Doppelstäbchen, 3 Stäbchen, 4 Doppelstäbchen, 3 Luftmaschen, 1 Kettmasche in den Ring arbeiten. **2. Runde:** 3 Luftmaschen, in jedes Doppelstäbchen der Vorrunde 2 feste Maschen, in jedes Stäbchen der Vorrunde 1 feste Masche arbeiten, enden mit 3 Luftmaschen, 1 Kettmasche in den Ring arbeiten. 1 Luftmaschenkette in Weiß ca. 25 cm lang arbeiten, um die Herzmitte knoten und zur Schleife binden.

### Maschenprobe

1 Quadrat im Hebemaschenmuster über 19 Maschen und 19 Reihen = 8 x 8 cm (1 Quadrat im Karomuster über 19 Maschen und 20 Reihen = 9 x 9 cm) 1 Quadrat im Hebemaschenmuster über 23 Maschen und 25 Reihen = 10,5 x 10,5 cm

## SO WIRD'S GEMACHT

Für das 1. Quadrat 19 (19) 23 Luftmaschen in Stein (Schwarz) Weiß anschlagen und 19 (20) 25 Reihen im Hebemaschenmuster (Karomuster) Hebemaschenmuster in folgenden Farben häkeln: A = Stein, B = Anthrazit, C = Weiß (A = Schwarz, B = Schwarz) A = Weiß, B = Stein, C = Schwarz. Anschließend für das 2.–6. Quadrat jeweils die gleiche Anzahl Reihen in den entsprechenden Mustern und Farben häkeln. Beim Karomuster gilt: A = Schwarz, B = Weiß. **Achtung:** Beim Hebemaschenmuster nach jedem Quadrat einen Maschenmarkierer einhängen und das Muster von vorne beginnen. Das Karomuster ebenso markieren, jedoch fortlaufend arbeiten. Das 7. Quadrat direkt auf die linke Seite des 6. Quadrates häkeln, dabei auf die richtige Maschenzahl achten. An der rechten Seite des 2. Quadrates auf die gleiche Weise das 8. Quadrat anhäkeln, dabei das Karomuster in Schwarz arbeiten. Für die Kinderpuschen noch 4 zusätzliche Quadrate häkeln.

**Fertigstellung Größe 35/36:** 8 Quadrate laut Workshop auf Seite 6–9 zusammennähen. 2 Quadrate laut Foto an die Kanten der Quadrate 1 und 8 und an diese die letzten 2 Quadrate nähen. Die Kanten der letzten Quadrate mit festen Maschen in Stein umhäkeln. Je 1 Herz auf das obere äußere Quadrat setzen.

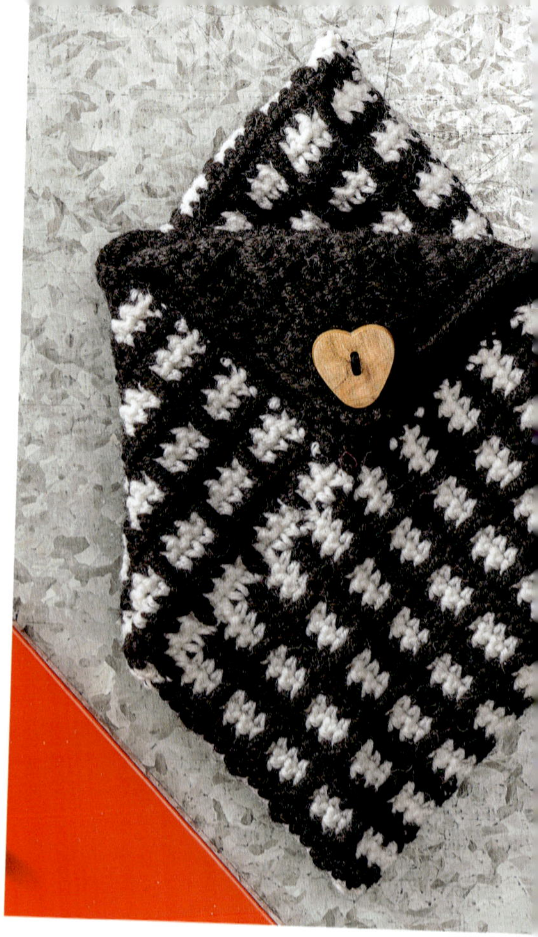

**Fertigstellung größere Puschen:** Die Quadrate laut Workshop auf Seite 6–9 zusammennähen, dabei die schwarzen Quadrate der schwarz-weißen Puschen an die Kanten der Quadrate 1 und 8 nähen. Die Kanten der oberen Quadrate laut Foto mit festen Maschen in Schwarz bzw. Weiß umhäkeln. Die schwarzen Quadrate nach außen umschlagen und mit je 1 Herzknopf fixieren.

## Häkelschrift 1

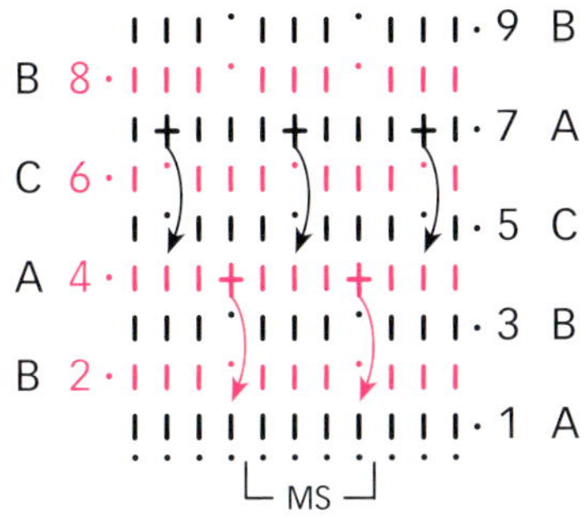

## Häkelschrift 2

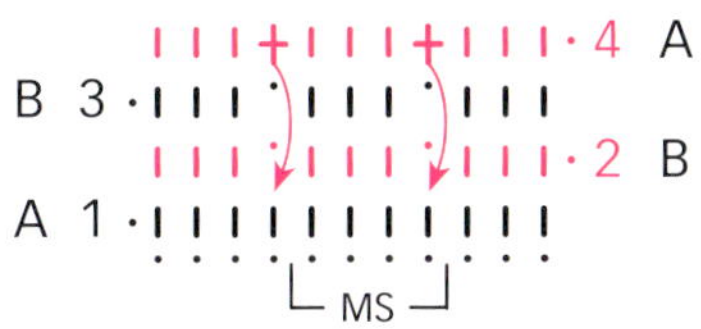

### Zeichenerklärung

· = 1 Luftmasche

I = 1 feste Masche

† = 1 Stäbchen

+↓ = 1 tiefer gestochenes Stäbchen (= 1 Stäbchen um die 2 darunterliegenden Luftmaschen in die entsprechende Masche 3 Reihen tiefer einstechen)

MS = Mustersatz

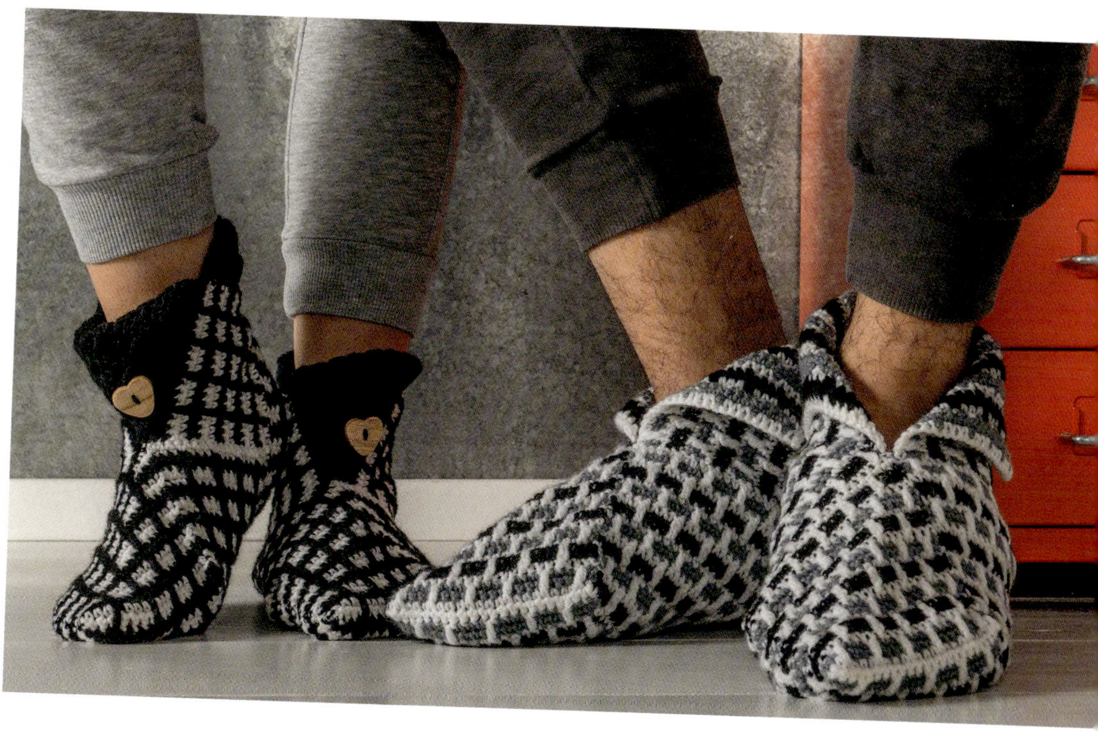

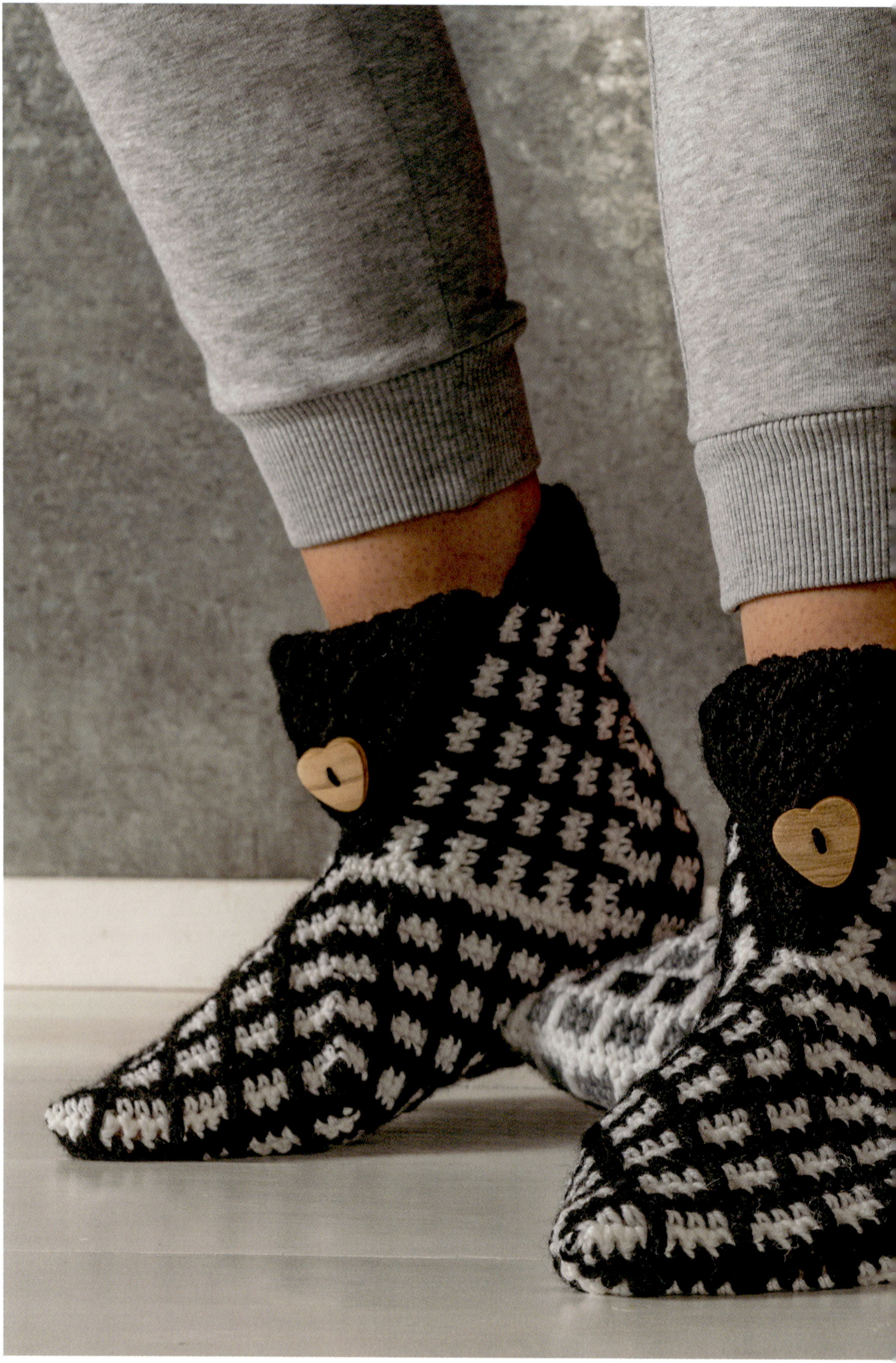

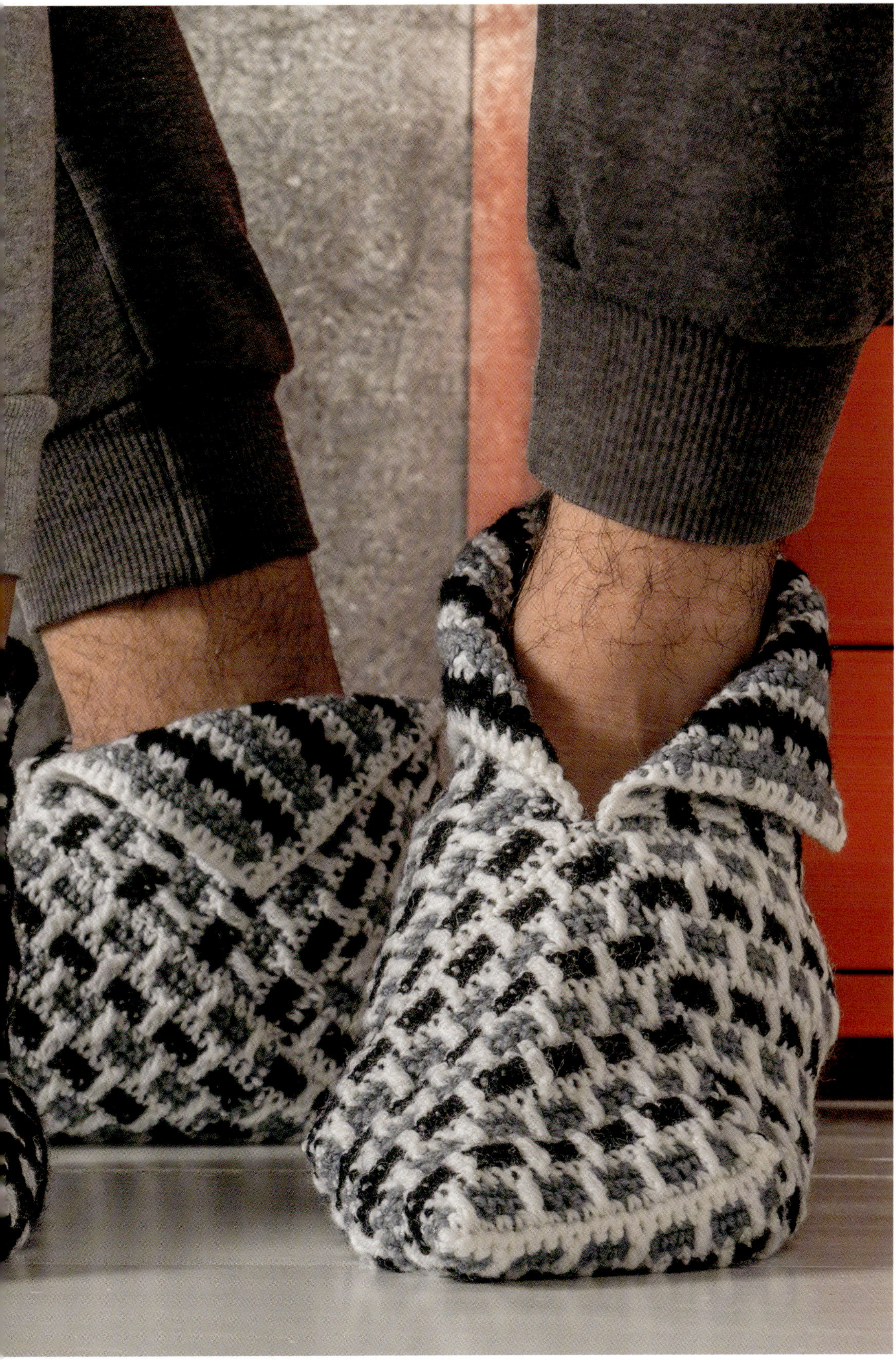

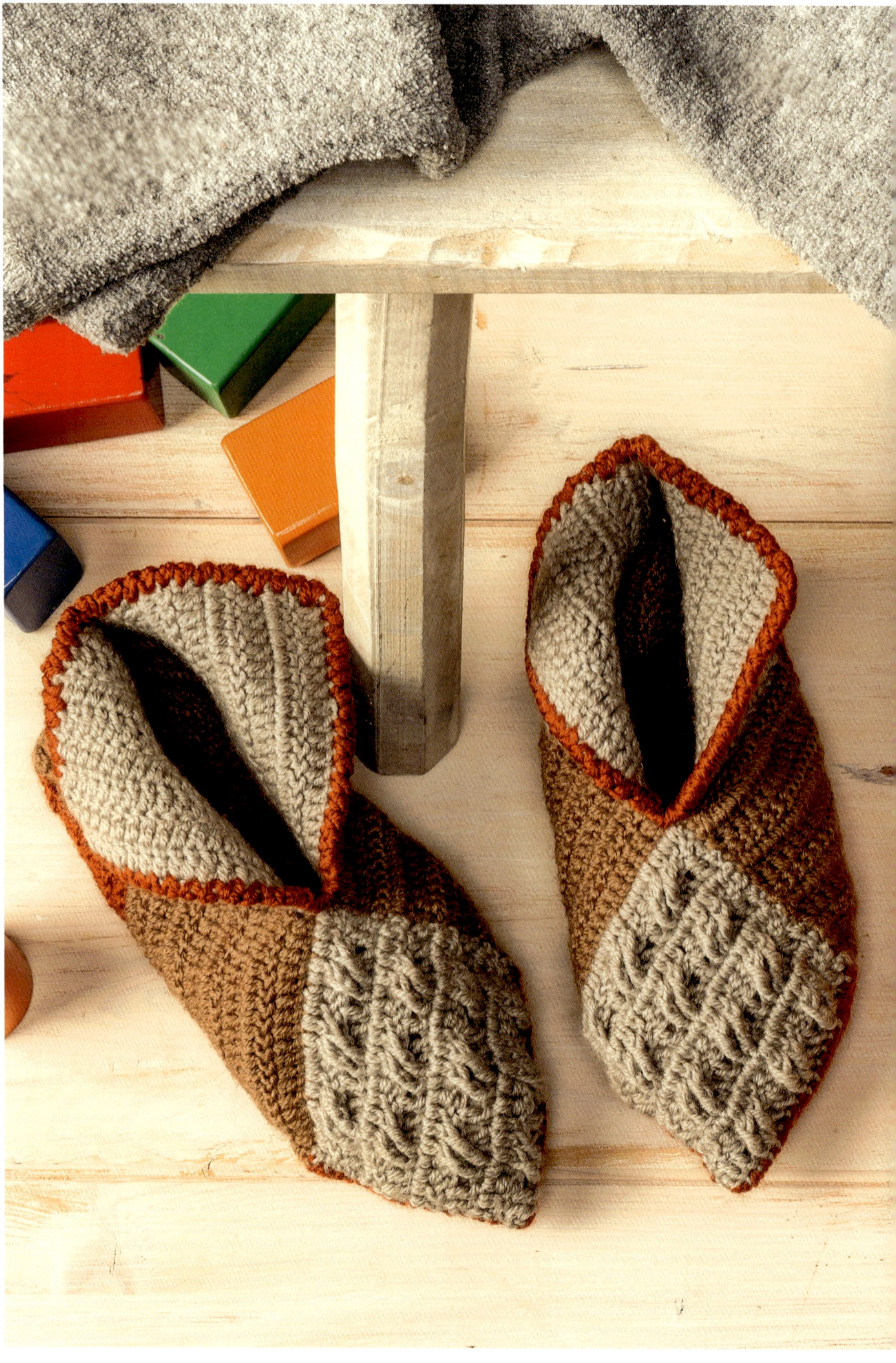

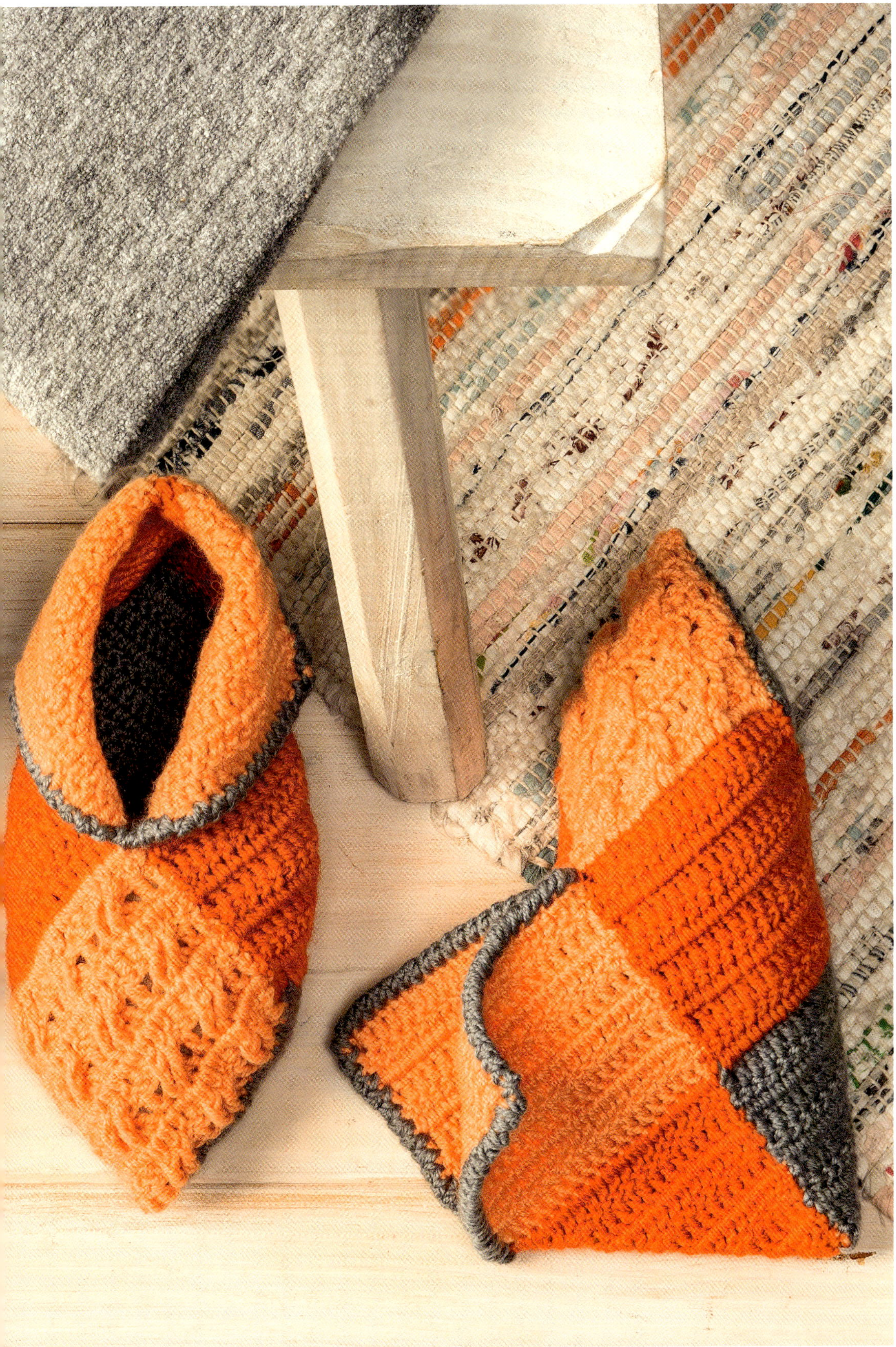

# Auf leisen Sohlen

Größe: 33/34

## MATERIAL

- Woolly Hugs CHARITY (75 % Wolle, 15 % Polyamid, 10 % Polylactid, Lauflänge ca. 100 m/50 g) von L&K (VeronikaHug.com): je 50 g Lachs – Farbe 25, Orange – Farbe 26 und Stein – Farbe 90 (Camel – Farbe 08, Sand – Farbe 10 und Terra – Farbe 28)
- 1 Häkelnadel Nr. 3

### Muster

**Grundmuster:** Stäbchen. Jede Reihe beginnt mit 3 Anfangs-Luftmaschen als Ersatz für das 1. Stäbchen und endet mit 1 Stäbchen in die letzte Anfangs-Luftmasche der Vorreihe.
**Zopfmuster:** Maschenanschlag teilbar durch 5 + 3. Nach der Häkelschrift arbeiten. Mit den Maschen vor dem Mustersatz (= MS) beginnen, den MS stets wiederholen, enden mit den Maschen nach dem MS. Das Muster beginnt mit 1 Rückreihe. Die 1.–5. Reihe 1 x arbeiten, danach die 4. und 5. Reihe stets wiederholen.
**Grundmusterquadrat:** 18 Luftmaschen + 3 Wende-Luftmaschen anschlagen und im Grundmuster arbeiten. Nach 7,5 cm = 8 Reihen ab Anschlag enden.
**Zopfmusterquadrat:** 18 Luftmaschen + 3 Wende-Luftmaschen anschlagen und im Zopfmuster arbeiten. Nach 7,5 cm = 8 Reihen ab Anschlag enden.

### Maschenprobe

1 Quadrat über 18 Maschen und 8 Reihen = 7,5 x 7,5 cm

## SO WIRD'S GEMACHT

**Puschen in Lachs/Orange:** 8 Quadrate wie folgt häkeln: 2 Quadrate im Grundmuster/Lachs (= Nr. 1 und 8), 2 Quadrate im Grundmuster/Stein (= Nr. 3 und 6), 3 Quadrate im Grundmuster/Orange (= Nr. 2, 4 und 7), 1 Quadrat im Zopfmuster/Lachs (= Nr. 5).

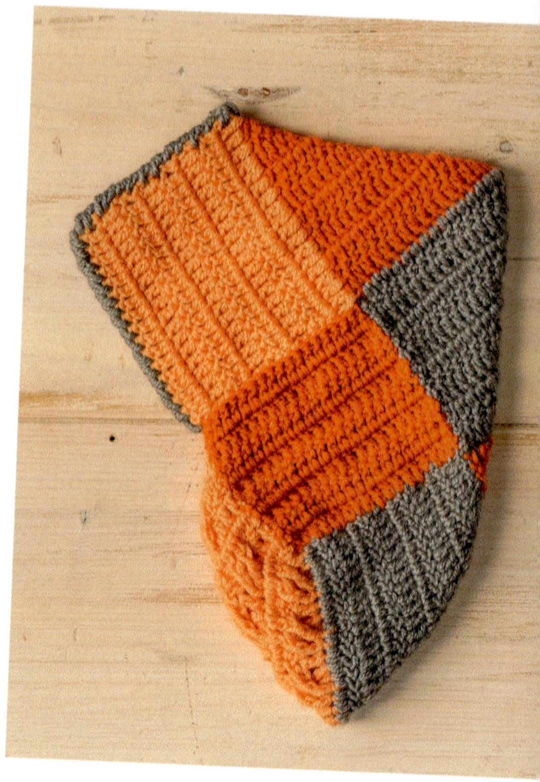

**Puschen in Camel/Sand:** 8 Quadrate wie folgt häkeln: 2 Quadrate im Grundmuster/Sand (= Nr. 1 und 8), 2 Quadrate im Grundmuster/Terra (= Nr. 3 und 6), 3 Quadrate im Grundmuster/Camel (= Nr. 2, 4 und 7), 1 Quadrat im Zopfmuster/Sand (= Nr. 5).

**Fertigstellung:** Laut Workshop auf Seite 6–9 jeweils die 8 Quadrate entsprechend der Nummerierung zusammennähen. Die Kanten der Quadrate 1 und 8 mit Krebsmaschen (= feste Maschen von links nach rechts) in Stein (Terra) umhäkeln.

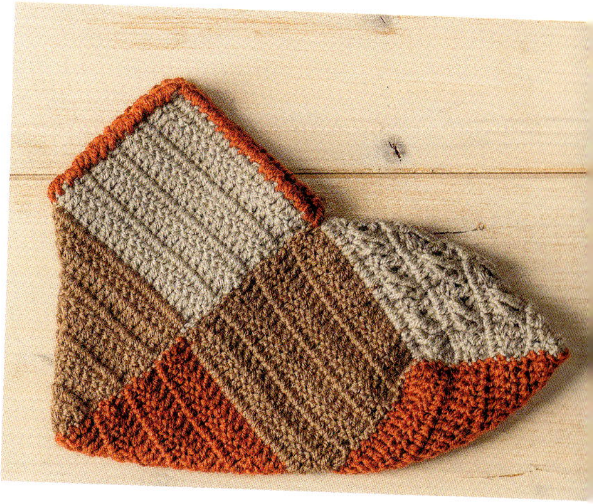

## Häkelschrift

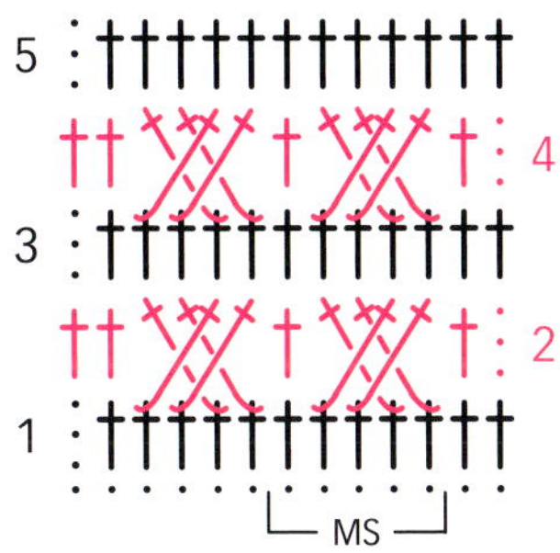


## Zeichenerklärung

· = 1 Luftmasche

† = 1 Stäbchen

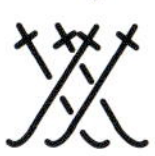 = 4 verkreuzte Reliefstäbchen: 2 Stäbchen der Vorreihe übergehen, 2 Reliefstäbchen von vorn, je 1 Reliefstäbchen von hinten zurück um das 1. und 2. übergangene Stäbchen der Vorreihe herum arbeiten

MS = Mustersatz

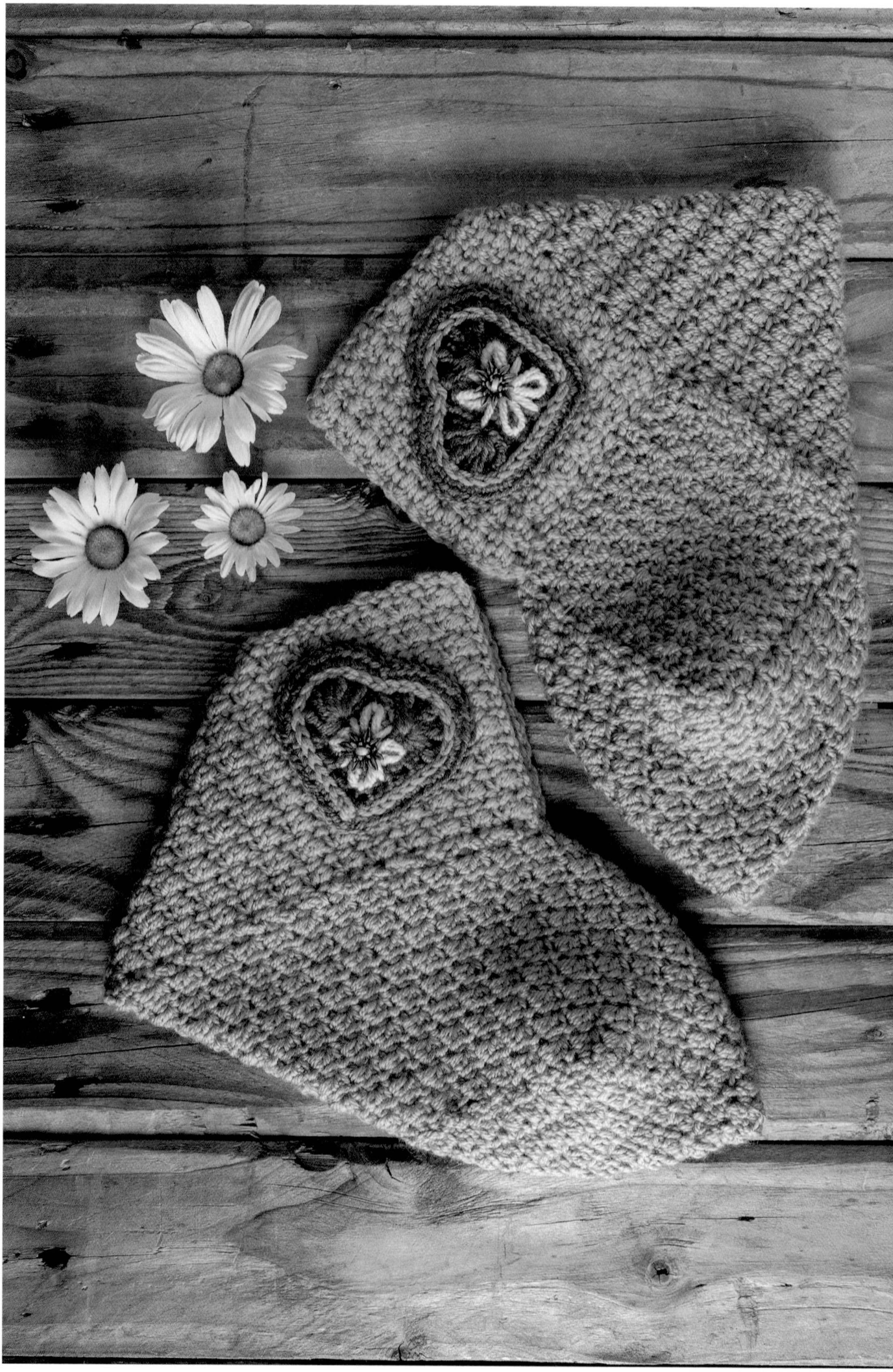

# Für Madln & Buam

Größe: 35/36 (39/40)

## MATERIAL

- Woolly Hugs CHARITY (75 % Wolle, 15 % Polyamid, 10 % Polylactid, Lauflänge ca. 100 m/50 g) von L&K (VeronikaHug.com): 100 g Sand – Farbe 10 und 50 g Mais – Farbe 27 (150 g Stein – Farbe 90)
- Wollreste in Braun, Dunkelgrün und Weiß (Braun, Hellgrün, Orange und Weiß)
- für das Herzmotiv 2 Edelweißknöpfe
- je 1 Häkelnadel Nr. 2,5 und 3

### Muster

**Strukturmuster:** Ungerader Maschenanschlag. Nach der Häkelschrift zu den Baby-Puschen von Seite 28 arbeiten. Mit den Maschen vor dem Mustersatz (= MS) beginnen, den MS stets wiederholen, enden mit den Maschen nach dem MS. Die 1.–4. Reihe 1 x arbeiten, danach die 3. und 4. Reihe stets wiederholen.

**Herz (2 x arbeiten):** 7 Luftmaschen mit Nadel Nr. 2,5 in Braun anschlagen und nach Häkelschrift 1 arbeiten, dabei bei Pfeil A beginnen, den Pfeilen 1–3 folgend arbeiten und mit 1 Kettmasche in die 1. Anschlags-Luftmasche enden. Anschließend das Herz mit 1 Runde fester Maschen in Braun umhäkeln. Mit Kettmaschen in Mais den Übergang zur letzten Runde überhäkeln. Entlang der Innenseite der Kettmaschen Vorstiche in Dunkelgrün aufsticken. Auf die festen Maschen des Herzmotivs laut Foto eine Blüte aus Spann- und Margeritenstichen in Weiß aufsticken und mit dem Edelweißknopf verzieren.

**Lederhose (2 x arbeiten):** 10 Luftmaschen mit Nadel Nr. 2,5 in Braun anschlagen und nach Häkelschrift 2 zunächst die Hose mit dem linken Bein häkeln. Dann bei Pfeil A neu anschlingen und das rechte Hosenbein häkeln. Für den Latz 4 Luftmaschen + 1 Wende-Luftmasche in Braun anschlagen und 3 Reihen feste Maschen arbeiten. Anschließend die Seiten und obere Kante mit festen Maschen in Hellgrün behäkeln. Den Latz mit 2 Knötchenstichen in Orange als Knöpfe und einer Blüte aus Margeritenstichen in Weiß verzieren. Für die Träger je 10 Luftmaschen in Orange anschlagen und mit 1 Reihe Kettmaschen behäkeln. Für das Verbindungsstück 5 Luftmaschen + 1 Wende-Luftmasche in Braun anschlagen und mit 1 festen Masche, 1 halben Stäbchen, 1 Stäbchen, 1 halben Stäbchen, 1 feste Masche behäkeln. Eine kleine Blüte in Weiß aufsticken. Latz laut Foto auf die Hose nähen, Träger und Verbindungsstück an die Hose nähen.

### Maschenprobe im Strukturmuster mit Nadel Nr. 3

1 Quadrat mit 19 (21) Maschen und 14 (16) Reihen = 8 x 8 (9 x 9) cm

## SO WIRD'S GEMACHT

Für das 1. Quadrat 19 (21) Luftmaschen + 1 Wende-Luftmasche in Mais (Stein) mit Nadel Nr. 3 anschlagen und 14 (16) Reihen im Strukturmuster häkeln. Anschließend in Sand (Stein) für das 2.–6. Quadrat jeweils die gleiche Anzahl Reihen im Strukturmuster häkeln. Das 7. Quadrat im Strukturmuster in Sand (Stein) direkt auf die linke Seite des 6. Quadrates häkeln. Dabei für die 1. Reihe jeweils 1 feste Masche in die 1. Ecke des 6. Quadrates, 1 Luftmasche, in jede 2. Randmasche 1 feste Masche und 1 Luftmasche arbeiten und mit 1 festen Masche in die 2. Ecke enden = 19 (21) Maschen – 1. Reihe. Anschließend noch 13 (15) Reihen im Strukturmuster häkeln und enden. An der rechten Seite des 2. Quadrates auf die gleiche Weise das 8. Quadrat in Mais (Stein) anhäkeln.

**Fertigstellung:** Die Quadrate laut Workshop auf Seite 6–9 zusammennähen. Bei den sandfarbenen Puschen jeweils auf das äußere maisfarbene Quadrat ein Herz aufnähen. Bei den steinfarbenen Puschen auf die oberen äußeren Quadrate je 1 Lederhose laut Foto aufnähen.

## Häkelschrift 1

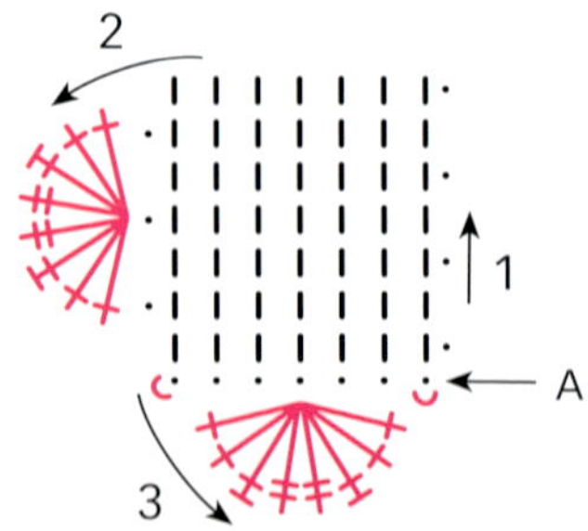


## Häkelschrift 2

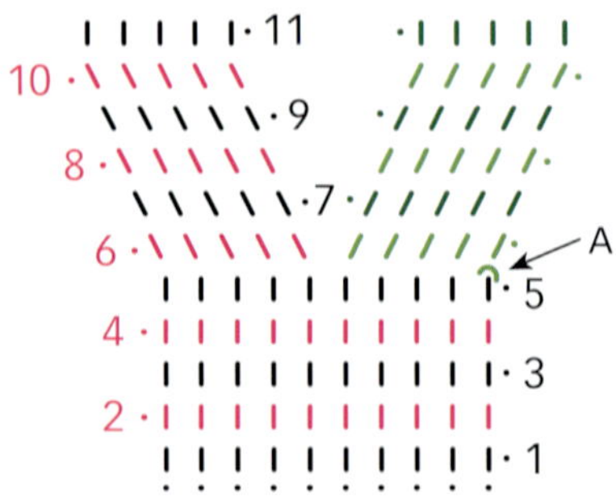


### Zeichenerklärung

- · = 1 Luftmasche
- ⌒ = 1 Kettmasche
- I = 1 feste Masche
- † = 1 Stäbchen
- ‡ = 1 halbes Doppelstäbchen
- ‡ = 1 Doppelstäbchen

Laufen die Zeichen unten zusammen, die Maschen in 1 Einstichstelle arbeiten.

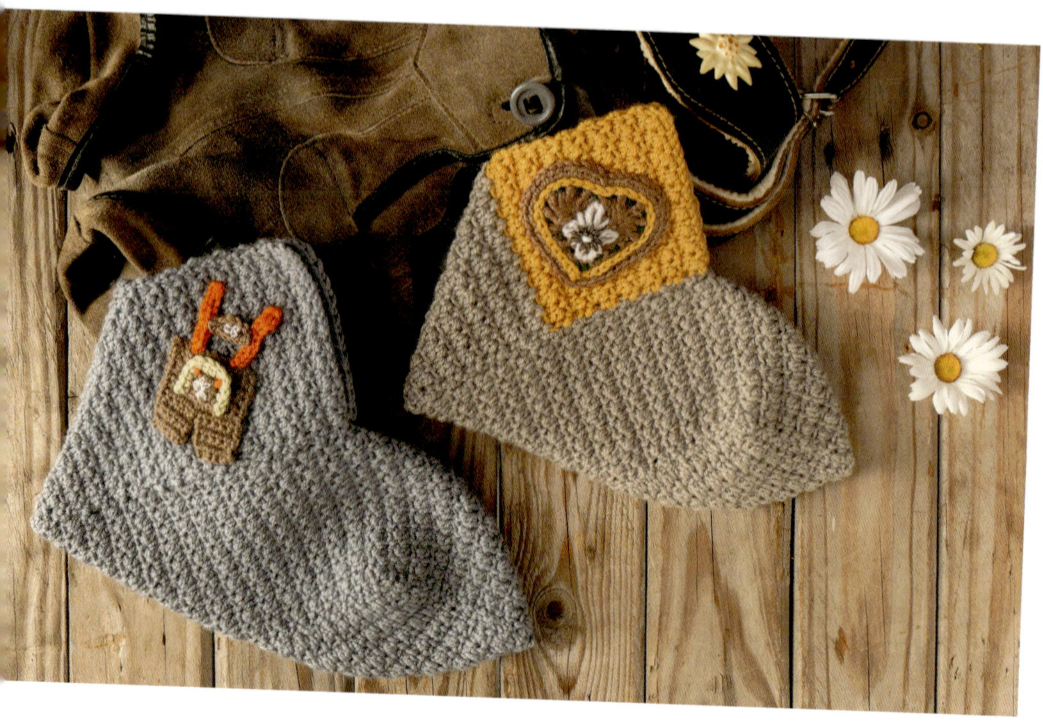

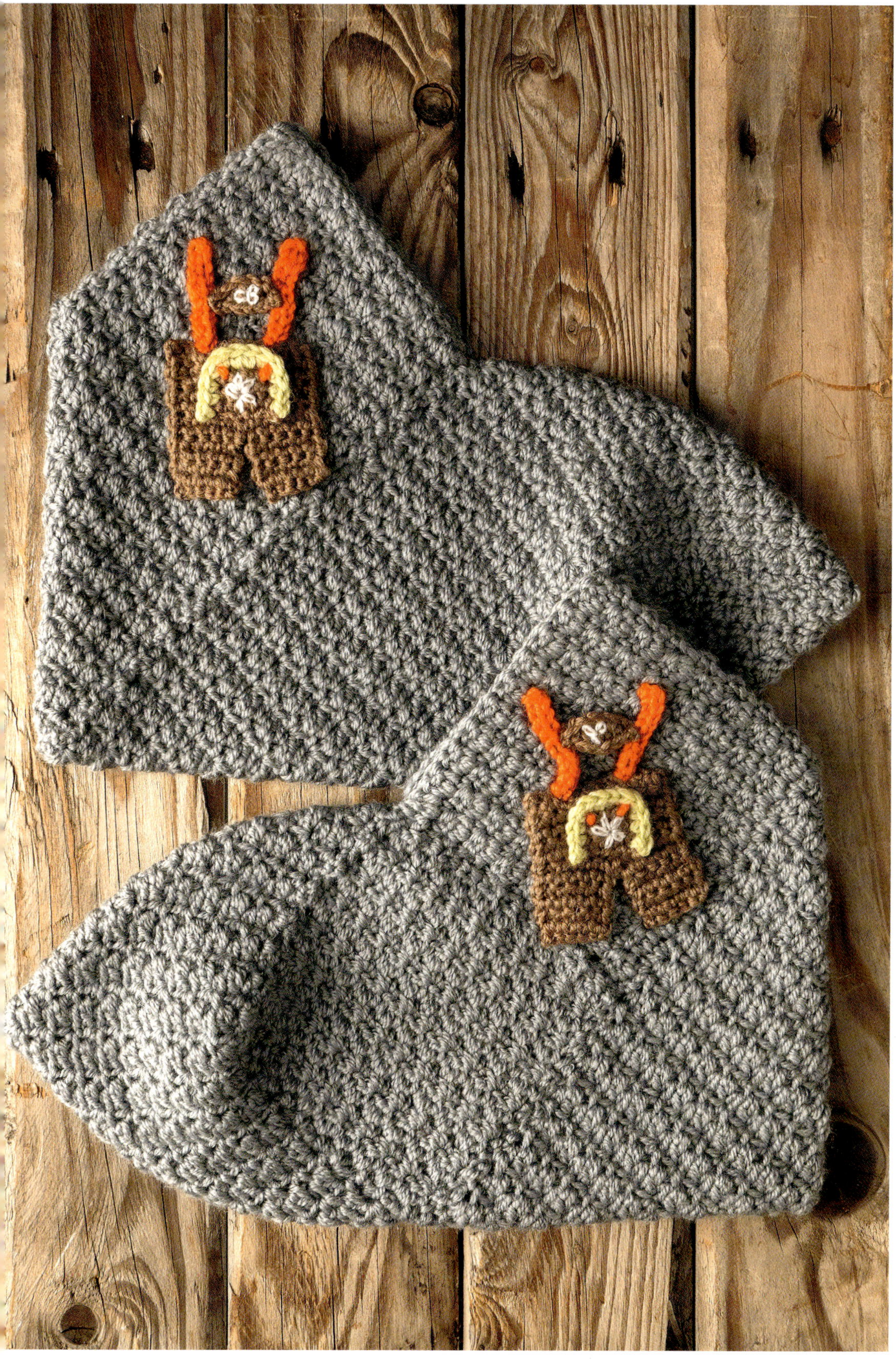

# Grundkurs Häkeln

## Luftmaschenanschlag

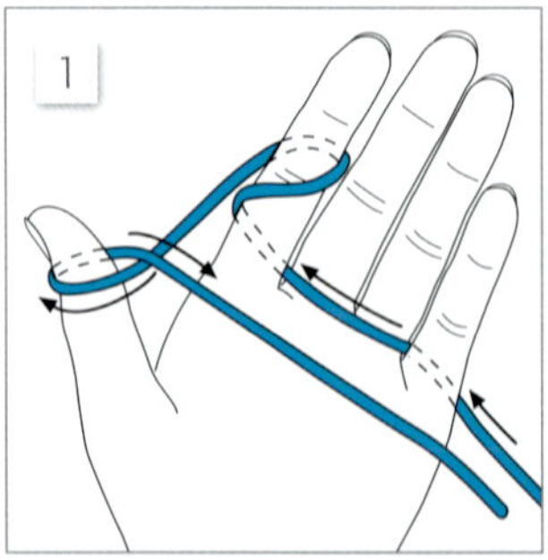


Den Faden wie im Bild gezeigt um die linke Hand legen.

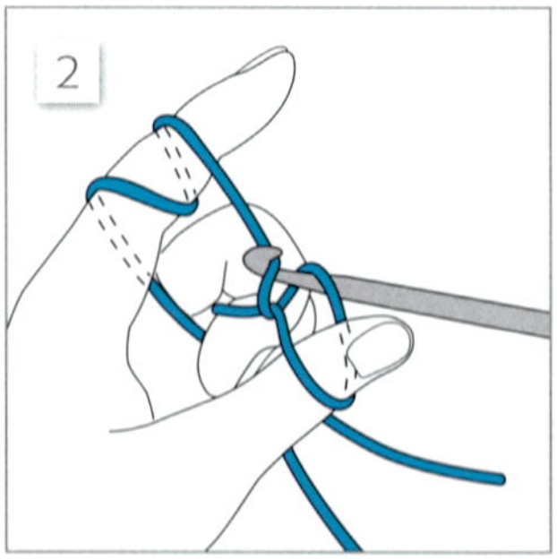


Die Häkelnadel von unten in die Daumenschlinge schieben. Den Faden, der vom Zeigefinger kommt, erfassen und durch die Daumenschlinge ziehen. Daumen aus der Schlinge nehmen und die Schlinge so anziehen, dass sie locker auf der Nadel liegt, aber nicht herunterrutscht.

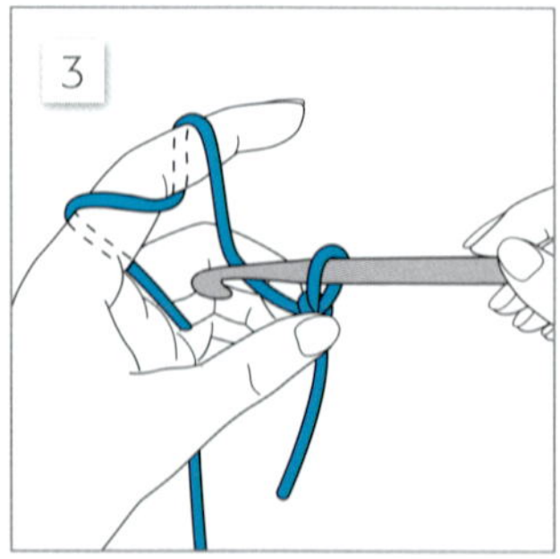


Diesen Anschlagsknoten mit Daumen und Mittelfinger halten und den Faden, der vom Zeigefinger kommt, mit der Nadel von unten holen und durch die Anfangsschlinge ziehen (= 1. Luftmasche). Vorgang wiederholen, bis die gewünschte Luftmaschenzahl erreicht ist.

## Fadenring

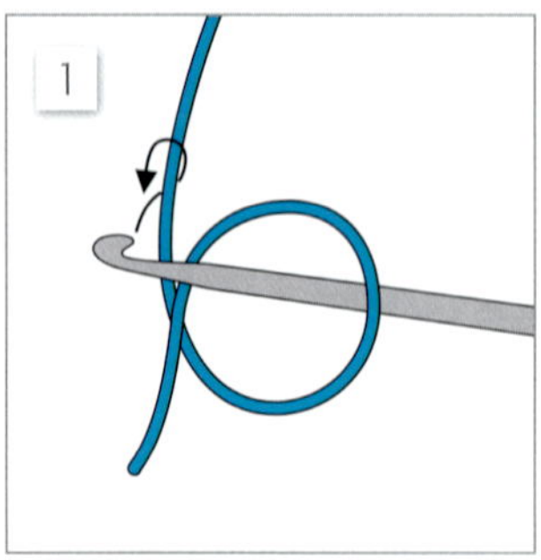


Den Faden zur Schlinge legen, einstechen, Faden von unten holen und durch die Schlinge ziehen. Fadenring noch nicht festziehen. Arbeitsfaden um den linken Zeigefinger legen.

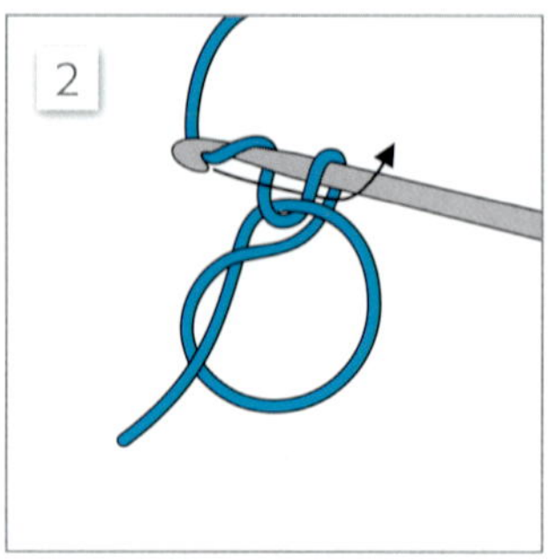


Den Kreuzpunkt der Fadenschlinge festhalten und 1 Luftmasche häkeln.

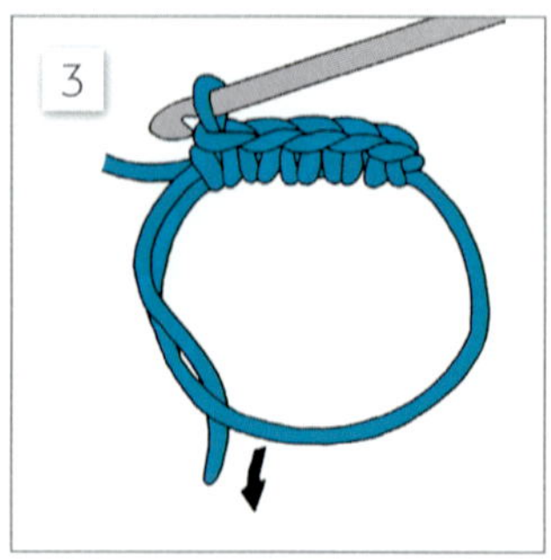


Die Maschen laut Anleitung um die Fadenschlinge herum arbeiten (hier sind es feste Maschen).

## Feste Maschen in Runden

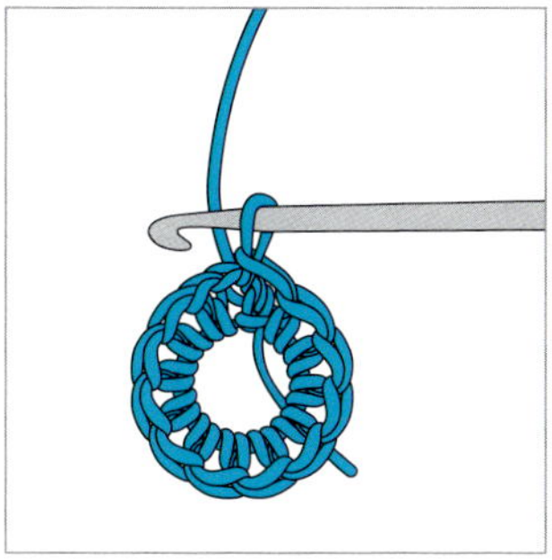

Die Runde mit einer Kettmasche in die 1. Masche schließen und den Fadenring am Anfangsfaden zuziehen. Jede Runde mit 1 zusätzlichen Steige-Luftmasche beginnen und mit 1 Kettmasche in die 1. feste Masche schließen.

## Feste Maschen in Spiralrunden

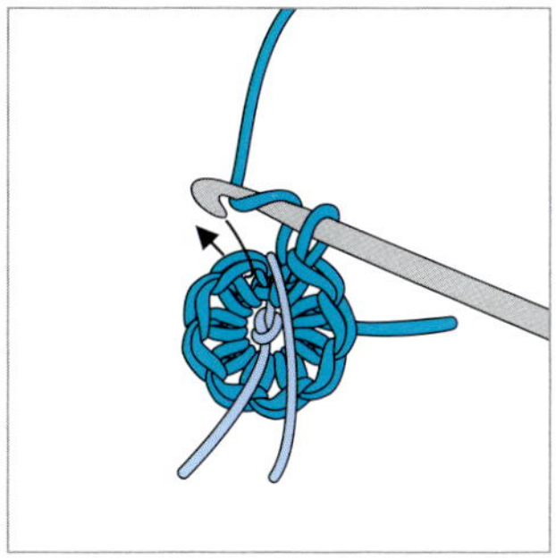

Zu Beginn die angegebene Anzahl Maschen arbeiten. Die Runde nicht mit einer Kettmasche schließen, sondern direkt in die 1. Masche der vorherigen Runde einstechen. Den Rundenübergang mit einem andersfarbigen Faden markieren.

## Kettmasche

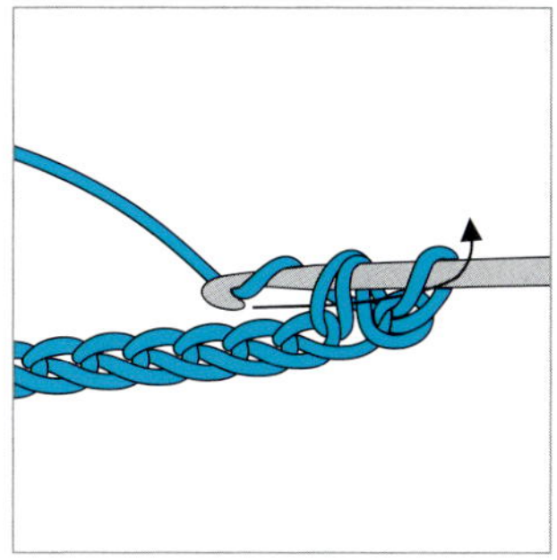

Einstechen, Faden holen und durch die Masche und die auf der Nadel liegende Schlinge ziehen.

## Feste Masche

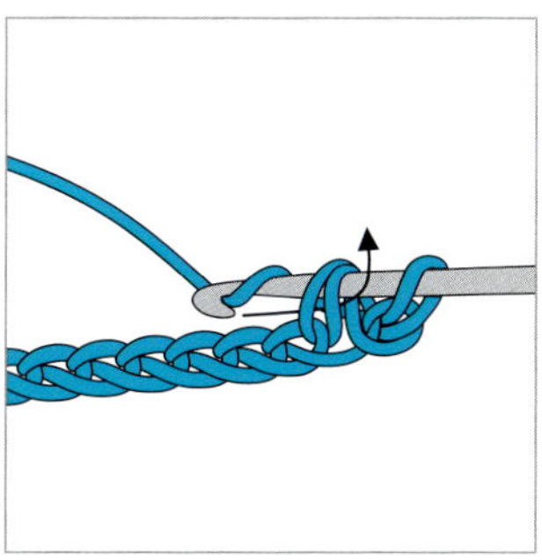

Einstechen, Faden holen und durchziehen. Faden nochmals holen und durch beide Schlingen auf der Nadel ziehen (= abmaschen).

## Halbes Stäbchen

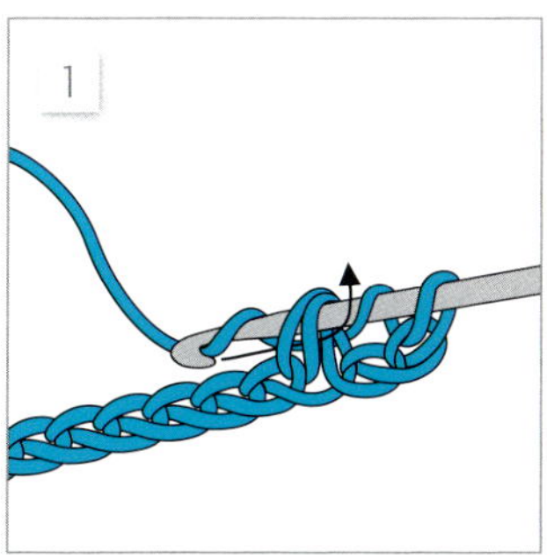


Faden um die Nadel legen (= 1 Umschlag bilden), einstechen, den Faden holen und durchziehen (= 3 Schlingen auf der Nadel).

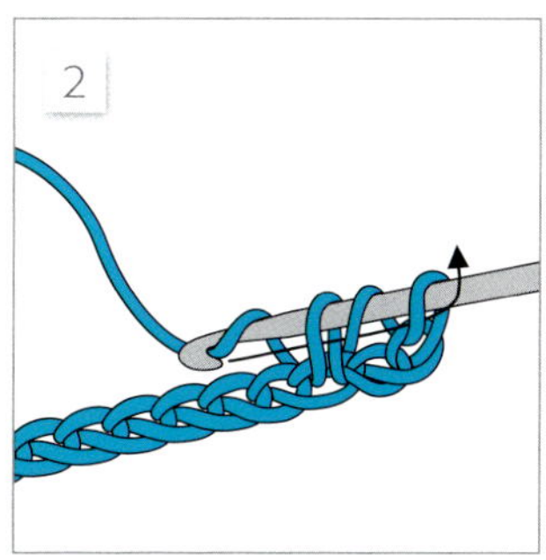


Den Faden nochmals holen und durch alle 3 Schlingen ziehen.

# Grundkurs Häkeln

## Stäbchen

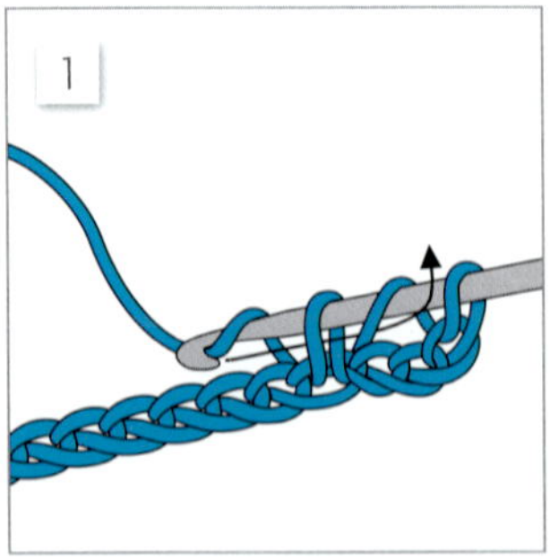


1 Umschlag bilden, einstechen, Faden holen und durchziehen (= 3 Schlingen auf der Nadel).

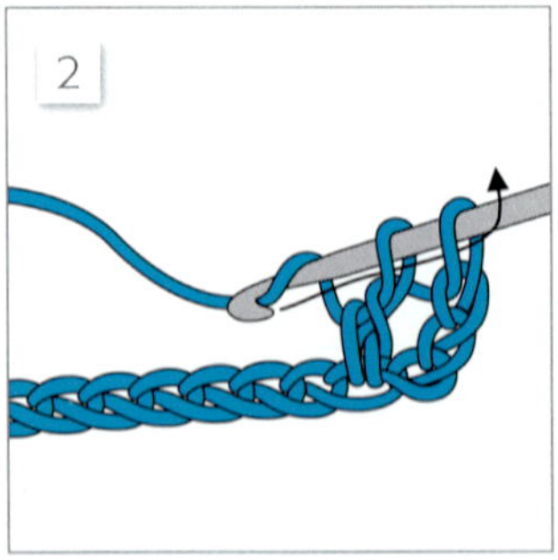


Nun 2 x nacheinander Faden holen und jeweils durch 2 Schlingen ziehen.

## Doppelstäbchen

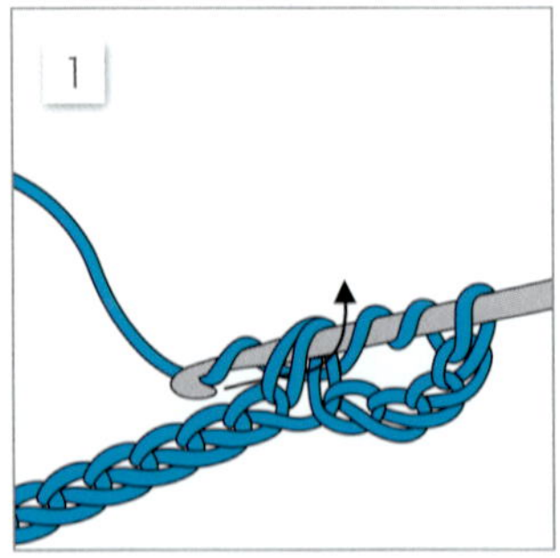


2 Umschläge auf die Nadel nehmen und in die 5. Masche von der Nadel aus einstechen. Den Faden holen und durchziehen.

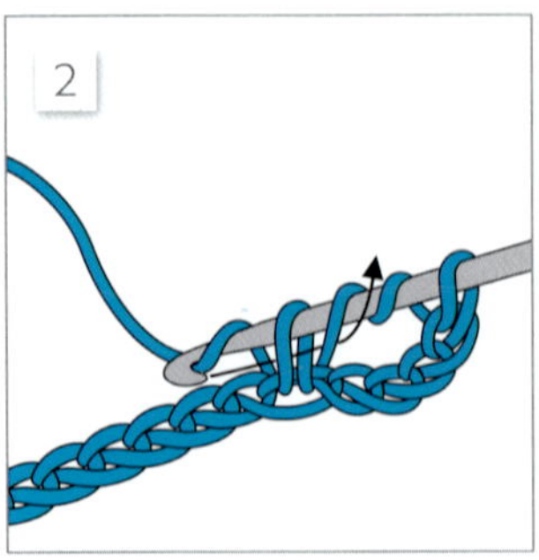


Es liegen nun 4 Schlingen auf der Nadel. Den Faden nochmals holen und durch 2 Schlingen ziehen.

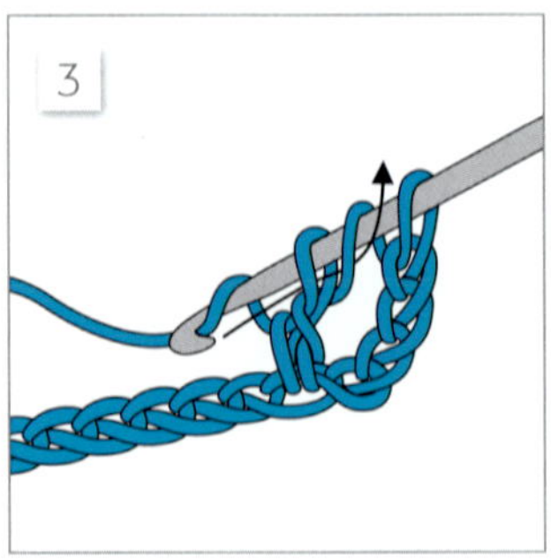


Es liegen nun 3 Schlingen auf der Nadel. Den Faden erneut holen und durch 2 der 3 Schlingen ziehen.

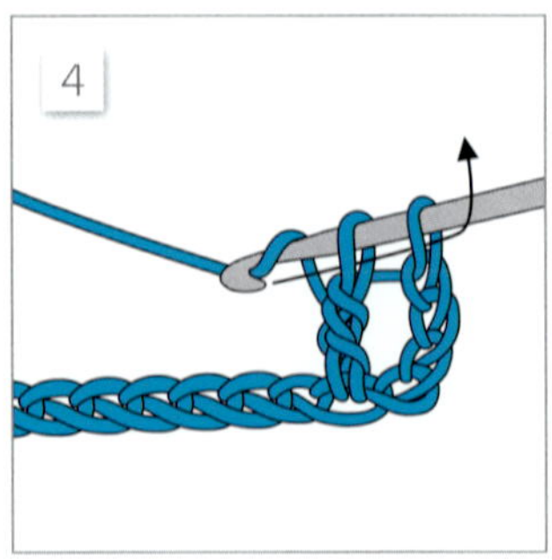


Den Faden nochmals holen und durch die restlichen 2 Schlingen ziehen.

## Krebsmasche

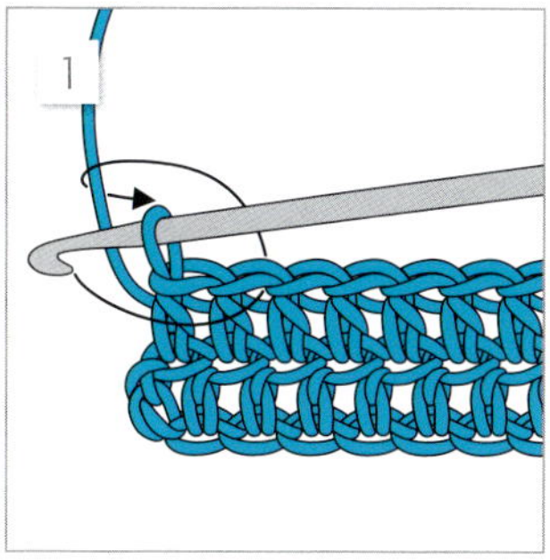


Die Arbeit nicht wenden, sondern zurück in die vorletzte Masche der Vorreihe einstechen, den Faden holen und durchziehen.

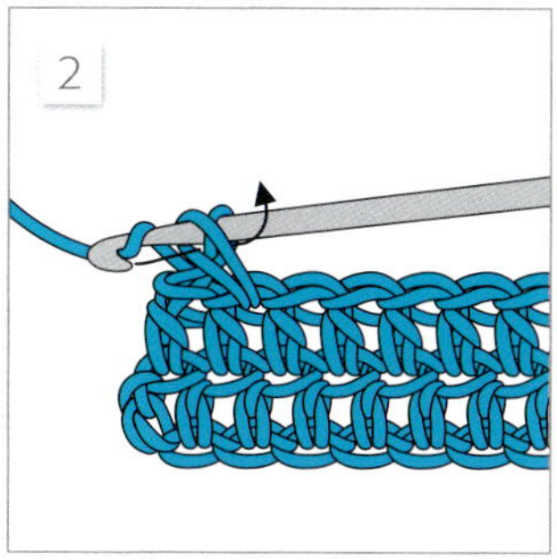


Den Faden nochmals holen und durch beide Schlingen auf der Nadel ziehen. Weiter im „Krebsgang", also rückwärts, von links nach rechts häkeln.

## Mehrere Maschen in 1 Einstichstelle

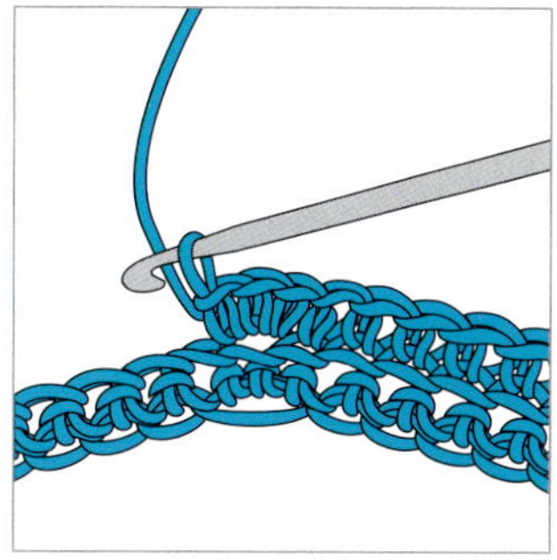

Um Maschen zuzunehmen, mehrere Maschen in dieselbe Einstichstelle arbeiten.

## Reliefstäbchen von vorn

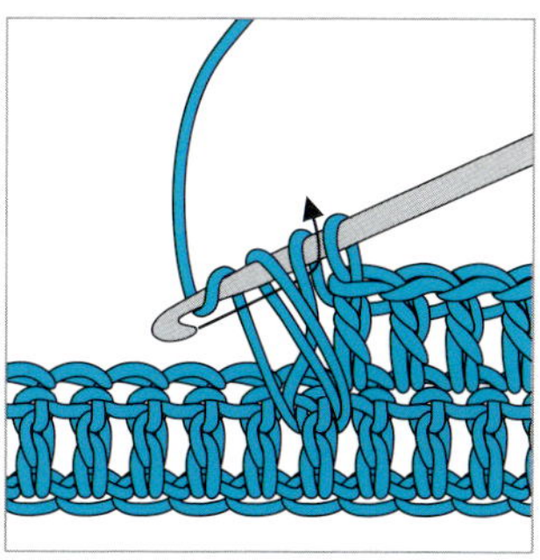

1 Umschlag bilden, von vorn nach hinten um das Stäbchen der Vorreihe einstechen und vorn wieder ausstechen. Den Faden durchholen und die Masche beenden.

## Reliefstäbchen von hinten

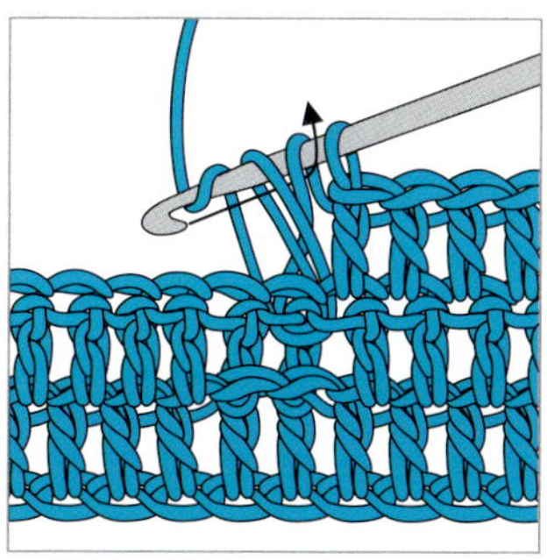

1 Umschlag bilden, von hinten nach vorn um das Stäbchen der Vorreihe einstechen und hinten wieder ausstechen. Den Faden durchholen und die Masche beenden.

## Maschen zusammen abmaschen

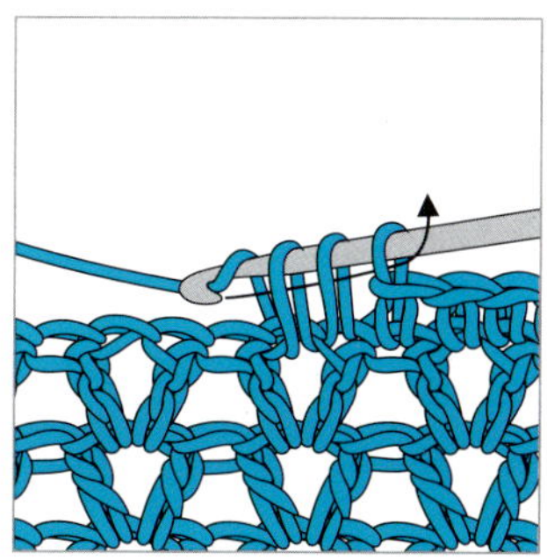

Jede Masche nur bis zum letzten Schritt arbeiten, dann Faden holen und alle auf der Nadel liegenden Schlingen zusammen abmaschen. Im Bild werden feste Maschen zusammen abgemascht.

# IMPRESSUM

**Design & Realisation:** Veronika Hug, Jutta Götz, Sonja Prell
**Verantwortlich:** Maria Möllenkamp
**Fotos & Styling:** Uli Glasemann, Eva Glasemann-Hardt
**Projektmanagement:** Johanna Heiß
**Lektorat:** Johanna Heiß
**Fachkorrektorat:** Margit Huber
**Umschlaggestaltung:** Irina Feury
**Satz:** Jeanette Frieberg, Buchgestaltung | Mediendesign, Leipzig
**Repro:** LUDWIG:media
**Herstellung:** Kathleen Baumann
Printed in Slovenia by Florjancic

★★★★★

Sind Sie mit diesem Titel zufrieden? Dann würden wir uns über Ihre Weiterempfehlung freuen. Erzählen Sie es im Freundeskreis, berichten Sie Ihrem Buchhändler oder bewerten Sie bei Onlinekauf. Und wenn Sie Kritik, Korrekturen, Aktualisierungen haben, freuen wir uns über Ihre Nachricht an:
Christian Verlag, Postfach 40 02 09, 80702 München oder per E-Mail an lektorat@verlagshaus.de.

Unser komplettes Programm finden Sie unter

www.christophorus-verlag.de



**Herstellerverzeichnis:**
Woolly Hugs über Langendorf & Keller GmbH, www.langendorf-keller.de

Die Deutsche Nationalbibliothek verzeichnet diese Publikation in der Deutschen Nationalbibliografie; detaillierte bibliografische Daten sind im Internet über http://dnb.d-nb.de abrufbar.



ISBN 978-3-8410-6643-5

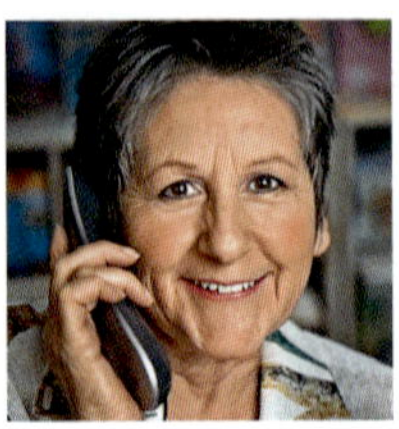

## Kreativ-Service

Sie haben Fragen zu den Büchern und Materialien? Frau Erika Noll ist für Sie da und berät Sie rund um alle Kreativthemen. Rufen Sie an! Wir interessieren uns auch für Ihre eigenen Ideen und Anregungen. Sie erreichen Frau Noll per E-Mail: **mail@kreativ-service.info** oder Tel.: **+49 (0) 5052/91 18 58**

**Besuchen Sie uns im Internet:** **www.christophorus-verlag.de**